一本书学会外贸跟单

实战强化版

韩军◎编著

人民邮电出版社

北京

图书在版编目（CIP）数据

一本书学会外贸跟单：实战强化版／韩军编著 . —
北京：人民邮电出版社，2013.10（2021.1重印）
ISBN 978-7-115-33246-2

Ⅰ.①—… Ⅱ.①韩… Ⅲ.①对外贸易—市场营销学
Ⅳ.①F740.4

中国版本图书馆 CIP 数据核字（2013）第 226606 号

内 容 提 要

　　本书将外贸跟单分为订单签订、订单履行、制单结汇、核销退税四个阶段，详细介绍了接单、订单处理、信用证跟催与审核、备货跟单、办理商品检验、办理保险、出口报关、出货跟单、制单结汇、核销退税及客户服务共计 11 个业务环节，可切实为外贸跟单员的工作提供指导和帮助。

　　作者在内容讲解过程中提供了大量范本、案例，并在每章章末总结和提炼了本章的关键点，突出了实用性和操作性。

　　本书可作为外贸跟单员的学习与培训用书，也可作为各大中专院校国际贸易、国际商务及相关专业的实训教材。

◆ 编　著　韩　军
　　责任编辑　代新梅
　　责任印制　焦志炜

◆ 人民邮电出版社出版发行　　北京市丰台区成寿寺路 11 号
　　邮编 100164　电子邮件 315@ ptpress. com. cn
　　网址 http://www. ptpress. com. cn
　　北京隆昌伟业印刷有限公司印刷

◆ 开本：700×1000　1/16
　　印张：15　　　　　　　　　　2013 年 10 月第 1 版
　　字数：200 千字　　　　　　　2021 年 1 月北京第 34 次印刷

定　价：35.00 元
读者服务热线：（010）81055656　印装质量热线：（010）81055316
反盗版热线：（010）81055315
广告经营许可证：京东市监广登字20170147号

前　言

我国日渐频繁的对外贸易活动不仅促进了经济的迅猛发展，也创造了新的职业与岗位需求，为有志于在对外贸易领域大展才华的求职者提供了更加广阔的空间，外贸跟单员就是众多兴起的新岗位之一。

外贸跟单员是指在进出口贸易合同签订后，依据合同和相关单证对货物加工、装运、保险、报检、报关、结汇等部分或全部业务环节进行跟踪或操作，协助贸易合同履行的外贸业务人员。自2004年年底我国贸易企业准入实施备案制以来，原来集中在外贸代理企业的大量业务分散至各生产企业，由生产企业自营出口；以购进、代理生产企业产品后再行出口为主要经营模式的外贸企业为了更好地把握产品质量和交货期，也需要派自己的跟单员下厂跟进出口订单。综合以上原因，外贸企业对跟单员的需求越来越大，对其素质要求也越来越高。

《一本书学会外贸跟单（实战强化版)》正是为了满足外贸企业对跟单员的需求而编写的。本书编写团队设置合理，由多年从事外贸实务教学的高校学者及资深外贸经理人组成，特别是韩军老师曾经在天津港从事外贸工作多年，历任单证员、核销员、跟单员、业务员、外贸公司经理，有着非常丰富的外贸从业经验，现为山西大学商务学院经济系国际经济与贸易专业带头人。本书编写团队在韩军老师的带领下，紧密结合对外贸易的新发展和外贸行业的最新需求完成了编写工作。

本书的特点与创新如下。

（一）通俗易懂、强化操作

本书在语言上力求简洁、通俗，在内容上力求淡化理论，强调操作，对每一个跟单业务环节都进行了详尽的解读，并提供了大量的范本、案例供读者参考，作者还在每章章末将本章的关键点进行了总结和提炼。

（二）脉络清晰、实用高效

本书以典型的跟单操作流程为顺序，脉络清晰，可使读者的业务学习变得更加直观、形象，有助于初学者在短时间内进入角色，能够较快地胜任外贸跟单员岗位的相关工作。

（三）针对性强、适用面广

本书紧密结合外贸行业对跟单员业务知识和技能的动态需求，简化了对外贸易中繁杂的体系结构和不实用的内容，使初学者能够有针对性地掌握外贸跟单员必备的岗位技能。本书既可作为跟单员的在岗培训用书，又可作为外贸新人自学及学生的实训教材。

《一本书学会外贸跟单（实战强化版）》一书由山西大学商务学院经济系国际经济与贸易教研室的韩军老师负责总体结构设计，并编写了第一章、第二章、第三章，赵建学、赵仁涛参与编写了第四章，刘建伟、刘海江参与编写了第五章、第六章，刘珍、刘军参与编写了第七章，涂高发、杨吉华参与编写了第八章，段青民、段水华参与编写了第九章，匡仲潇、滕宝红参与编写了第十章，柳景章、杨冬琼参与编写了第十一章，李家林、江艳玲参与编写了第十二章，韩军、苟宏参与编写了第十三章，全书由韩军统撰定稿。

目 录

第一章 外贸跟单知多少 /1

第一节 跟单员的五大角色 /1

第二节 出口贸易的一般流程 /3

第三节 外贸跟单工作的整体流程 /4

第二章 夯实外贸跟单业务基础 /7

第一节 对出口产品的要求 /7

第二节 如何写作与管理沟通邮件 /22

第三章 接单是这样操作的 /27

第一节 接单有哪些步骤 /27

第二节 如何整理、运用客户信息 /28

第三节 写好开发信，赢得更多客户 /30

第四节 客户询盘，回复有招 /32

第五节 报价不要随便，要有针对性 /33

第六节 客户索要样品，必须给吗 /41

第七节 怎样接待客户验厂 /43

第八节 及时跟进确认，尽量促成交易 /50

第四章 有订单了，客户来啦 /53

第一节 订单处理有哪些步骤 /53

第二节 整理订单，做到心中有数 /54

第三节 审核订单，保证一致 /56

第四节 根据付款方式确认订单 /60

第五节 如何分发订单 /60

第五章　信用证跟催与审核务必做好 / 63

第一节　信用证跟催与审核有哪些步骤 / 63

第二节　如何催开信用证 / 64

第三节　如何受理信用证通知书 / 65

第四节　如何接收信用证 / 68

第五节　如何审核信用证 / 74

第六节　如何区分信用证软条款以避免纠纷 / 81

第七节　如何修改信用证 / 82

第八节　如何处理信用证不符点 / 87

第六章　备货跟单，生产交货 / 91

第一节　备货跟单有哪些步骤 / 91

第二节　如何安排生产 / 92

第三节　如何跟踪生产进度 / 96

第四节　如何跟催生产物料 / 101

第五节　如何跟进产品质量 / 104

第六节　如何跟踪交货期 / 107

第七章　商品检验，出关必备 / 111

第一节　办理商品检验有哪些步骤 / 111

第二节　哪些情况需要报检 / 113

第三节　报检必须有哪些单证、资料 / 117

第四节　怎样填写出口货物报检单 / 119

第五节　如何领证、审证 / 123

第八章　保险，利人利己 / 125

第一节　办理保险有哪些步骤 / 125

第二节　买哪种险最划算 / 126

第三节　如何计算保险额与保险费 / 130

第四节　要准备哪些投保单证 / 131

第五节　如何投保 / 132

第六节　保险单据主要事项　/ 139

第七节　货物遭受损失了怎么办　/ 141

第九章　万事俱备，只欠报关　/ 145

第一节　出口报关有哪些步骤　/ 145

第二节　报关需要准备什么　/ 146

第三节　电子化报关更快捷　/ 147

第四节　大力配合海关查验　/ 152

第五节　如何缴纳关税和有关税费　/ 154

第六节　货物放行，还需复核　/ 154

第七节　需要退关怎么办　/ 155

第十章　出货前后，跟单最要紧　/ 157

第一节　出货跟单有哪些步骤　/ 157

第二节　找到好的货运代理了吗　/ 158

第三节　如何租船订舱　/ 165

第四节　如何制作装箱单　/ 169

第五节　如何接待客户或第三方验货　/ 171

第六节　怎样做到用最少柜装最多货　/ 172

第七节　跟踪装柜，全程监督　/ 175

第八节　货物装运后，跟单还未结束　/ 177

第九节　如何获得运输文件　/ 179

第十一章　货已发，着手制单结汇　/ 183

第一节　制单结汇有哪些步骤　/ 183

第二节　要准备哪些结汇单证　/ 184

第三节　如何制作各类单证　/ 185

第四节　如何审核单证　/ 199

第五节　如何办理交单结汇　/ 204

第六节　如何处理不符点　/ 207

第十二章 核销退税，及时办理 / 209

第一节 核销退税有哪些步骤 / 209

第二节 如何办理出口收汇核销 / 210

第三节 出口退税，协助办理 / 218

第十三章 不求最好，只求更好 / 223

第一节 如何管理好客户资料 / 223

第二节 调查客户是否满意 / 225

第三节 将投诉客户变为满意客户 / 226

参考书目 / 231

第一章　外贸跟单知多少

外贸跟单员要出色地完成本职工作，首先要对自己的角色有充分的认知，其次还要掌握出口贸易的流程和外贸跟单工作的整体流程，以便得心应手地处理工作事项，解决工作中遇到的问题。

第一节　跟单员的五大角色

跟单员是指在进出口业务中，在贸易合同签订后，依据合同和相关单证对货物加工、装运、保险、报检、报关、结汇等部分或全部环节进行跟踪或操作，协助履行贸易合同的外贸业务人员。

跟单员的工作内容非常广泛，既涉及企业（外贸公司和生产企业）的生产过程和产品质量控制，也涉及与货代、海关、商检等相关的事务。不管是在外贸业务员与客户进行磋商（报价）阶段，还是在确定样品、生产制作、报检、报关、货物运输、理赔、索赔等阶段，都会出现跟单员的身影。

跟单员是企业与市场、业务员以及客户之间联系的纽带和桥梁，在一单外贸业务中通常扮演以下六种角色，具体如图 1-1 所示。

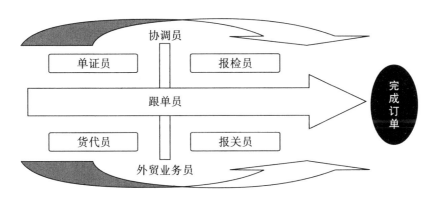

图 1-1　跟单员扮演的角色

一、跟单员是企业各部门的协调员

"跟单"是指跟进、跟随、追踪订单，为了完成订单交货任务、保证合同顺利履行，企业的生产、仓储、运输、销售、财务等各部门必须通力合作、加强配合，跟单员在其中起到责成并协调各部门按订单要求完成各自任务的作用。

二、跟单员是外贸业务员

跟单员在跟单过程中，需要经常与客户联系，因此能够及时掌握客户的各种需求，所以跟单员的工作不仅仅是被动地跟进订单，有时还要主动地进行业务拓展、对客户进行精准营销，并积极帮助外贸业务员寻找新的客户。因此在这个过程中，跟单员还扮演着外贸业务员的角色。事实上，在一些中小型企业中，跟单员与外贸业务员的岗位往往是"合二为一"的。

三、跟单员是单证员

跟单员在跟进订单时，需要将订单中的不同任务分解落实到不同的部门来完成，每个部门在接受任务、执行任务、完成任务的过程中都需要借助各种"单据"来办理交接。这些单据种类繁多、格式多样、作用有别、使用范围不同、制作方法各异，这就要求跟单员必须熟悉单据缮制的方法和技巧，在协调各部门工作时扮演好单证员的角色。

四、跟单员是后备的报检员、报关员、货代员

跟单过程还涉及商品检验、报关通关、租船订舱、交单议付等业务环节，因此，跟单员必须对报检、报关、货代等业务非常熟悉，要了解这些工作大概需要的时间、关键的步骤、哪里容易出问题等，以便及时跟催、全面审核。

第二节　出口贸易的一般流程

出口贸易的一般流程主要包括：交易磋商——确认订单——备货——租船订舱——报验（商检）——装船发运——投保——通关——制单结汇——退税环节，具体内容如图1-2所示。在实际业务中，租船订舱、报验、制单结汇等工作往往是同时进行的，次序不分先后。

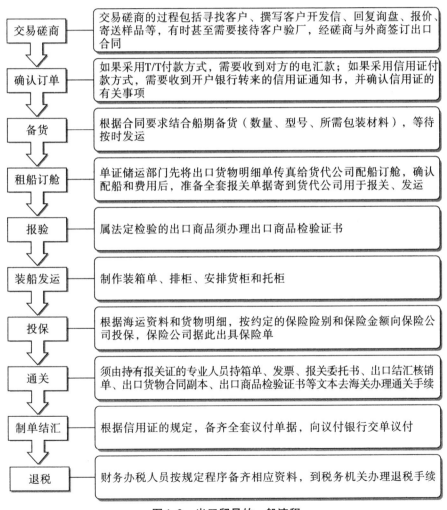

交易磋商	交易磋商的过程包括寻找客户、撰写客户开发信、回复询盘、报价、寄送样品等，有时甚至需要接待客户验厂，经磋商与外商签订出口合同
确认订单	如果采用T/T付款方式，需要收到对方的电汇款；如果采用信用证付款方式，需要收到开户银行转来的信用证通知书，并确认信用证的有关事项
备货	根据合同要求结合船期备货（数量、型号、所需包装材料），等待按时发运
租船订舱	单证储运部门先将出口货物明细单传真给货代公司配船订舱，确认配船和费用后，准备全套报关单据寄到货代公司用于报关、发运
报验	属法定检验的出口商品须办理出口商品检验证书
装船发运	制作装箱单、排柜、安排货柜和托柜
投保	根据海运资料和货物明细，按约定的保险险别和保险金额向保险公司投保，保险公司据此出具保险单
通关	须由持有报关证的专业人员持箱单、发票、报关委托书、出口结汇核销单、出口货物合同副本、出口商品检验证书等文本去海关办理通关手续
制单结汇	根据信用证的规定，备齐全套议付单据，向议付银行交单议付
退税	财务办税人员按规定程序备齐相应资料，到税务机关办理退税手续

图1-2　出口贸易的一般流程

第三节　外贸跟单工作的整体流程

外贸跟单工作要依据合同和相关单证对货物贸易的全程进行跟踪或操作，因此，外贸跟单涉及的部门非常多，是一项非常细致的工作，也具有一定的复杂性，具体流程如图1-3所示。

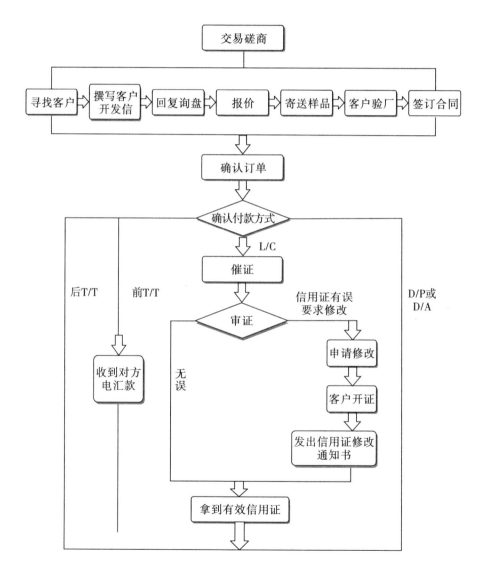

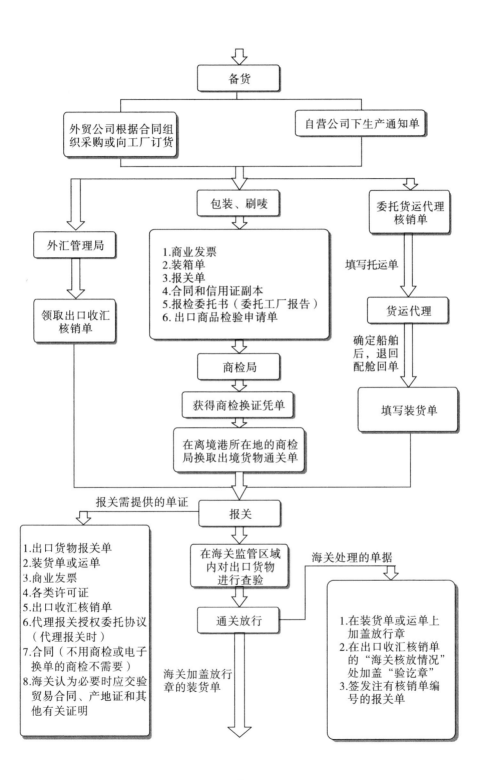

备货

外贸公司根据合同组织采购或向工厂订货　　　自营公司下生产通知单

包装、刷唛　　　委托货运代理核销单

外汇管理局

1.商业发票
2.装箱单
3.报关单
4.合同和信用证副本
5.报检委托书（委托工厂报告）
6.出口商品检验申请单

填写托运单

领取出口收汇核销单

商检局

货运代理

获得商检换证凭单

确定船舶后，退回配舱回单

在离境港所在地的商检局换取出境货物通关单

填写装货单

报关需提供的单证　　　报关

1.出口货物报关单
2.装货单或运单
3.商业发票
4.各类许可证
5.出口收汇核销单
6.代理报关授权委托协议（代理报关时）
7.合同（不用商检或电子换单的商检不需要）
8.海关认为必要时应交验贸易合同、产地证和其他有关证明

在海关监管区域内对出口货物进行查验　　　海关处理的单据

通关放行

1.在装货单或运单上加盖放行章
2.在出口收汇核销单的"海关核放情况"处加盖"验讫章"
3.签发注有核销单编号的报关单

海关加盖放行章的装货单

5

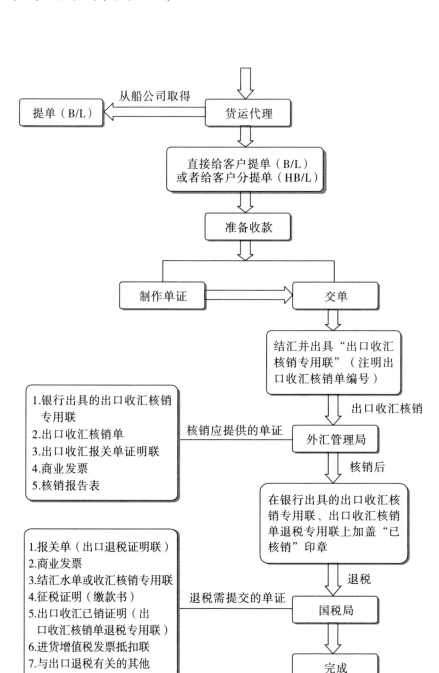

图 1-3　外贸跟单业务的流程

第二章　夯实外贸跟单业务基础

第一节　对出口产品的要求

跟单员的工作主要涉及对外贸易，因此跟单员有必要学习国外针对商品贸易的法规、标准和技术要求，以免由于企业提供的产品不符合进口国的相关政策而无法通关，从而给企业造成无法弥补的损失。

一、对出口产品的认证

许多进口国对产品都有认证的要求。

（一）欧洲认证

1. 欧盟

欧盟认证主要有 CE 认证和 RoHS 认证。

（1）CE 认证

"CE"是一种安全认证标识，凡贴有"CE"标识的产品可以在欧盟各成员国内销售，实现了商品在欧盟成员国范围内的自由流通。CE 认证标识如图 2-1 所示。

图 2-1　CE 认证标识

在欧盟市场中销售，需要加贴 CE 标识的产品包括如下。

① 电气类产品。

② 机械类产品。

③ 玩具类产品。

④ 无线电和电信终端设备。

⑤ 冷藏、冷冻设备。

⑥ 人身保护设备。

⑦ 简单压力容器。

⑧ 热水锅炉。

⑨ 压力设备。

⑩ 民用爆炸物。

⑪ 游乐船。

⑫ 建筑产品。

⑬ 体外诊断医疗器械。

⑭ 植入式医疗器械。

⑮ 医疗电器设备。

⑯ 升降设备。

⑰ 燃气设备。

⑱ 非自动衡器。

⑲ 爆炸环境中使用的设备和保护系统。

（2）RoHS 认证

RoHS 的全称为 "Restriction of Hazardous Substances"，中文为《关于限制在电子电器设备中使用某些有害成分的指令》，它是由欧盟立法制定的一项强制性标准，于 2006 年 7 月 1 日正式实施，主要用于规范电子电器产品的材料及工艺标准，使之更加有利于人体健康及环境保护。该标准的目的在于消除电子电器产品中的铅、汞、镉、六价铬、多溴联苯和多溴联苯醚共六项物质，并重点规定了铅的含量不能超过 0.1%。RoHS 认证标识如图 2-2所示。

RoHS

图 2-2 RoHS 认证标识

RoHS 认证产品的类别如表 2-1 所示。

表 2-1 RoHS 认证产品的类别

序号	类别	举例说明
1	日常家电	如电冰箱、洗衣机、微波炉、空调、吸尘器、热水器等
2	非家电	如音频和视频产品、DVD、CD、电视接收机、IT 产品、数码产品、通信产品等
3	电动工具	电动电子玩具、医疗电气设备

2. 俄罗斯

GOST 是俄罗斯制定的一项强制性认证标准。不论是在俄罗斯国内生产的产品，还是从其他国家进口到俄罗斯的产品，根据俄罗斯法律的规定都必须取得 GOST 认证。GOST 认证标识如图 2-3 所示。

图 2-3 GOST 认证标识

GOST 证书是办理对俄出口产品海关手续和在俄罗斯市场销售产品必不可少的文件，在俄罗斯市场，没有 GOST 证书的产品不准上市销售，进口商对 GOST 证书非常重视。但是，一般是由出口商办理 GOST 认证手续。

我国向俄罗斯出口的大多数产品都属于强制认证范围，如罐头食品、部分电子产品、化妆品、玩具、纺织品、电器设备、机电设备、工业设备及机械、建筑材料等。动物性产品还必须有动物检疫证明，食品必须有卫生证。

3. 法国

NF 认证不是强制的，但一般向法国出口产品都需要 NF 认证。法国 NF 认证与欧盟 CE 认证兼容，NF 认证在很多专业领域的标准都超过欧盟标准，因此凡取得 NF 认证的产品可以直接获得 CE 认证，不需再进行任何产品检验，只需办理简单的手续即可。大多数法国消费者对 NF 认证有很强的信任感。NF 认证主要适用于家用电器、家具、建筑材料三类产品。NF 认证标识如图 2-4 所示。

图 2-4 NF 认证标识

4. 英国

BS 认证和 BEAB 认证可对电子产品、医疗设备等提供认证服务。在中国，已经有很多企业为了使自己的产品顺利进入英国市场，以及在英国市场中更具竞争力而申请了 BEAB 认证。BS 认证标识和 BEAB 认证标识如图 2-5所示。

图 2-5 BS 认证标识和 BEAB 认证标识

5. 德国

GS 是德语"Geprufte Sicherheit"（安全性已认证）的缩写。GS 认证是以德国《产品安全法》为依据，按照欧盟统一标准 EN 或德国工业标准 DIN 进行检测的一种自愿性认证，是欧洲市场公认的德国安全认证标识。GS 认证标识如图 2-6 所示。

图 2-6　GS 认证标识

虽然 GS 是德国认证标准，但是欧洲绝大多数国家都认同。满足 GS 认证标准的产品同时也会满足欧盟 CE 认证标准的要求。

与 CE 认证不一样，GS 认证并无法律强制要求，但由于安全意识已深入普通消费者，拥有 GS 认证的电器在市场中会比一般产品更具竞争力。

（二）美洲认证

1. 美国

产品出口到美国要做的强制性认证主要有 UL 认证、FCC 认证、ETL 认证、FDA 认证四类，具体内容如表 2-2 所示。

表 2-2　美国强制性认证的类别

序号	认证类别	具体说明
1	UL 认证	UL 是 "Underwriter Laboratories Inc."（美国保险商试验室）的简写。它是美国最有权威的，也是界上从事安全试验和鉴定的较大的民间机构
2	FCC 认证	FCC 是 "Federal Communications Commission"（美国联邦通信委员会）的缩写，于 1934 年建立，是美国政府的一个独立机构，直接对国会负责。电脑、传真机、电子装置、无线电接收和传输设备、无线电遥控玩具、电话、个人电脑以及其他可能伤害人身安全的产品如果想要出口到美国，必须通过由政府授权的实验室根据 FCC 技术标准进行的检测

（续表）

序号	认证类别	具体说明
3	ETL 认证	ETL 是 "Electrical Testing Laboratories"（美国电子测试实验室）的缩写。任何电气、机械或机电产品只要带有 ETL 标志就表明此产品已经达到经普遍认可的美国及加拿大产品安全标准的最低要求，可以销往美国和加拿大两国市场
4	FDA 认证	FDA 是 "Food and Drug Administration"（美国食品药物管理局）的缩写，它是美国政府在健康与人类服务部（DHHS）和公共卫生部（PHS）中设立的执行机构之一。所有与食品、饮料直接接触，或者直接与人口舌接触的器皿、材料等，都必须通过 FDA 认证才能进入美国市场

UL 认证、FCC 认证、ETL 认证、FPA 认证标识分别如图 2-7、图 2-8、图 2-9 和图 2-10 所示。

图 2-7　UL 认证标识

图 2-8　FCC 认证标识

图 2-9　ETL 认证标识

图 2-10　FDA 认证标识

2. 加拿大

（1）CSA 认证

CSA 是"Canadian Standards Association"（加拿大标准协会）的缩写，它成立于 1919 年，是加拿大首家专门制定工业标准的非盈利性机构。2001 年，CSA 分为三个协会，分别是加拿大标准协会、管理体系认证协会和国际认证协会，负责国际认证的协会是"CSA International"，总部在多伦多。CSA 认证标识如图 2-11 所示。

图 2-11 CSA 认证标识

CSA 为机械、建材、电器、计算机设备、办公设备、环保、医疗防火安全、运动及娱乐等方面的所有类型的产品提供安全认证。

（2）IC 认证

IC 是"Industry Canada"（加拿大工业部）的缩写，对广播电视设备、信息技术设备、无线电设备、电信设备等进行认证，与美国 FCC 认证相似。

3. 巴西

自 2011 年 7 月 1 日起，销往巴西的家用及相关类别的电器产品（如电水壶、电熨斗、吸尘器等）必须经 INMETRO 强制认证。INMETRO 认证标识如图 2-12 所示。

图 2-12 INMETRO 认证标识

目前，巴西的产品认证分为强制性认证和自愿性认证两种。强制性认证的产品包括医疗器械、断路器、危险场所使用的设备、家用插头和插座、家用开关、电线和电缆及其组件、荧光灯镇流器等，以上认证必须由 IN-METRO 认可的认证机构来进行，其他认证不被接受。

4. 墨西哥

NOM 是"Normas Oficiales Mexicanas"的缩写，是墨西哥的一种强制性安全认证标识，表示产品符合 NOM 标准。NOM 标识适用于大部分产品，包括电信及信息技术设备、家庭电器、灯具和其他对健康及安全具有潜在危险的产品。不论是在墨西哥本地制造或是进口的产品，均须符合 NOM 标准及产品标注规定。NOM 认证标识如图 2-13 所示。

图 2-13　NOM 认证标识

5. 阿根廷

IRAM 成立于 1935 年，是被 OAA（Argentina Accreditation Organization，阿根廷资格鉴定组织）认可的电子技术产品的认证机构，也是被政府认可的强制认证产品的认证机构。目前，它为电子技术、机械、化学、卫生、安全与防护、玩具、燃气、机械、食品、医药等领域的产品提供认证。IRAM 认证标识如图 2-14 所示。

图 2-14　IRAM 认证标识

（三）亚洲认证

1. 韩国

根据《韩国电气用品安全管理法》的规定，自 2009 年 1 月 1 日起电气用品安全认证分为强制性认证及自律（自愿）性认证两种。

强制性认证：属于强制性认证产品中的所有电子类产品必须获得 KC 认证后才可以在韩国市场上销售，每年需要接受工厂审查和产品抽检测试。

自律（自愿）性认证：属于自律性认证产品中的所有电子类产品，只需测试获得证书，不需要接受工厂审查，证书有效期为五年。KC 认证标识如图 2-15 所示。

图 2-15 KC 认证标识

2. 日本

PSE 认证是日本强制性安全认证，用以证明电机电子产品已通过日本《电气和原料安全法》或国际 IEC 标准的安全测试。PSE 认证标识如图 2-16 所示。

图 2-16 PSE 认证标识

PSE 认证的范围如表 2-3 所示。

表2-3 PSE认证的范围

序号	类别	认证范围
1	A类PSE特定电气用品	电线电缆、熔断器、配线器具（电器附件、照明电器等）、限流器、变压器、镇流器、电热器具、电动力应用机械器具（家用电器）、电子应用机械器具（高频脱毛器）、交流用电气机械器具（电击杀虫器、直流电源装置）、携带式发动机
2	B类PSE非特定电气用品	凡属于"非特定电气用品"目录内的产品进入日本市场，须经过日本经济产业省认可的实验室进行测试，确认符合日本电气用品技术标准，取得合格测试PSE证书，方可在产品上贴PSE圆形标志，产品才可在日本市场销售

3. 新加坡

列管电气产品需取得PSB认证之后，才可进入新加坡销售。PSB认证标识如图2-17所示。

图2-17 PSB认证标识

4. 印度

ISI 标识是由印度标准局核发的认证标识，认证范围几乎涵盖各行各业，从农业、纺织到电子等。ISI 认证标识如图 2-18 所示。

图 2-18　ISI 认证标识

5. 马来西亚

SIRIM 是马来西亚唯一的一家认证管理机构，进入马来西亚的电子产品都需要申请 SIRIM 认证证书。

（四）大洋洲认证

1. A/C-Tick 认证

A/C-Tick 标识是指澳大利亚通信局（Australian Communications Authority，ACA）对通信设备进行认证的标志。

A-Tick 认证仅适用于通信产品，电子产品多申请 C-Tick 认证，如果电子产品申请了 A-Tick 认证，则无需另外申请 C-Tick 认证。A-Tick 认证标识和 C-Tick 认证标识分别如图 2-19、图 2-20 所示。

图 2-19　A-Tick 认证标识

图 2-20　C-Tick 认证标识

2. SAA 认证

澳大利亚国际标准公司（Standards Australia International Limited）是澳大利亚唯一的标准认证机构。无论是进口或是在澳大利亚当地组装的电器产品，在进入澳大利亚市场销售前，都必须通过澳大利亚国际标准公司的认证。SAA 认证标识如图 2-21 所示。

图 2-21　SAA 认证标识

（五）非洲认证

1. 南非

南非国家标准局（South African Bureau of Standards，SABS）是根据 1945 年颁布的《国家标准法》设立的，属南非贸工部下属机构。SABS 是南非的一个中立的第三方认证机构，负责南非的体系认证及产品认证。

SABS 认证广泛应用于化学制品、生物制品、纤维制品和服装、机械制品、安全设备、电工产品、土木和建筑，以及汽车产品等领域。

2. 尼日利亚

尼日利亚国家标准局（Standard Organization of Nigeria，SON）是尼日利亚负责制定和执行进口产品和本国制造产品质量标准的政府机构。

SONCAP 证书（SONCAP Certificate）是管制产品在尼日利亚海关办理通关手续的法定必备文书，缺少 SONCAP 证书将造成管制产品通关迟延或者可能被拒绝清关入境。

二、对出口产品的包装要求

由于各国国情不同以及文化差异的存在，进出口贸易各国对商品的包装材料、结构、图案及文字标识等要求不同，下面从六个方面进行介绍。

（一）容器结构

在此，我们以美国为例。

（1）美国食品药品管理局规定，所有医疗健身及美容药品都要采用能防止掺假、掺毒等防污能力的包装。

（2）美国环境保护局规定，为了防止儿童误服药品、化工品，凡属于防毒包装条例和消费者安全委员会管辖的产品，必须使用保护儿童安全盖。

（3）美国加利福尼亚、弗吉尼亚等 11 个州以及欧盟负责环境和消费的部门规定，可拉离的拉环式易拉罐不能在市场上销售，目前已趋于研制不能拉离的掀扭式、胶带式易拉罐。

（二）使用语种

（1）加拿大规定进口商品标识必须英法文对照。

（2）希腊规定凡出口到希腊的产品包装上必须要用希腊文字写明公司名称，代理商名称及产品质量、数量等项目。

（3）销往法国的产品装箱单及商业发票须用法文，包括标识说明，不以法文书写的应附法语译文。

（4）销往阿拉伯国家的食品、饮料必须用阿拉伯文说明。

（三）禁用包装材料

（1）美国规定，为防止植物病虫害的传播，禁止使用稻草做包装材料，如被海关发现，必须当场销毁。

（2）新西兰农业检疫所规定，进口商品的包装严禁使用以下材料：干草、稻草、麦草、谷壳或糠、生苔物、土壤、泥灰、用过的旧麻袋及其他材料。

（3）菲律宾卫生部和海关规定，凡进口的货物禁止用麻袋和麻袋制品及稻草、草席等材料包装。

（4）澳大利亚防疫局规定，凡用木箱包装（包括托盘木料）的货物进口时，均需提供熏蒸证明。

（四）港口规定

（1）沙特阿拉伯港务局规定，所有运往该国港埠的建材类海运包装，凡装集装箱的，必须先组装托盘，以适应堆高机装卸，且每件重量不得超过两吨。

（2）伊朗港口规定，进口的药品、化工品、食品、茶叶等商品，要以托盘形式，或用体积不小于一立方米或重量为一吨的集装箱包装。

（3）沙特阿拉伯港口规定，凡运往该港的袋装货物，每袋重量不得超过50千克，否则不提供仓储便利，除非这些袋装货物附有托盘或具有可供机械提货和卸货的悬吊装置。

（五）货物包装

1. 一般货物的包装要求

（1）货物包装应坚固、完好，在运输过程中能防止包装破裂、内物漏出、散失；防止因码放、摩擦、震荡或因气压、气温变化而引起货物损坏或变质；防止伤害操作人员或污染飞机、地面设备及其他物品。

（2）包装除应适合货物的性质、状态和重量外，还要便于搬运、装卸和码放；包装外表面不能有突出的钉、钩、刺等；包装要整洁、干燥、没有异味和油渍。

（3）包装内的垫付材料（如木屑、纸屑）不能外漏；除纸袋包装的货物（如文件、资料等），托运货物都应使用包装带捆；严禁使用草袋包装或草绳捆扎货物。

（4）捆扎货物所用的包装带应能承受该货物的全部重量，并保证提起货物时不致断开。

2. 部分货物的特殊包装要求

部分货物的特殊包装要求如表2-4所示。

表2-4　部分货物的特殊包装要求

序号	货物类别	包装要求
1	液体货物	（1）容器内部必须留有5%～10%的空隙，封盖必须平密，不得溢漏 （2）用玻璃容器盛装的液体，每一容器的容量不得超过500毫升 （3）单件货物毛重以不超过25千克为宜 （4）箱内应使用衬垫和吸附材料填实，防止晃动或液体渗出
2	粉状货物	（1）用袋盛装的，最外层应使用塑料涂膜纺织袋作外包装，保证粉末不致漏出，单件货物毛重不得超过50千克 （2）用硬纸桶、木桶、胶合板桶盛装的，要求桶身不破、接缝严密、桶盖密封、桶箍坚固结实 （3）用玻璃装的，每瓶内装物的重量不得超过1千克 （4）用铁制或木制材料作外包装，箱内用衬垫材料填实；单件货物毛重以不超过25千克为宜
3	精密易损、质脆易碎货物	单件货物毛重以不超过25千克为宜，可以采用以下方法包装 （1）多层次包装：即货物包装有多个层次，如衬垫材料、内包装、运输包装（外包装） （2）悬吊式包装：用几根弹簧或绳索从箱内各个方向把货物悬置在箱子中间 （3）防倒置包装：即底盘大、有手提把环或屋脊式箱盖的包装。不宜平放的玻璃板，挡风玻璃等必须使用此类包装 （4）玻璃器皿包装：应使用足够厚度的泡沫塑料及其他衬垫材料围裹严实，外加坚固的瓦楞纸箱或木箱，箱内物品不得晃动

（续表）

序号	货物类别	包装要求
4	裸装货物、不怕碰压的货物	可以不用包装，如轮胎等；不易清点件数、形状不规则、外形与运输设备相似或容易损坏飞机的货物，应使用绳、麻布包扎或外加包装
5	大型货物	体积或重量较大的货物底部应有便于叉车操作的枕木或底托

（六）对部分包装物的要求

对部分包装物的要求如表2-5所示。

表2-5 对部分包装物的要求

序号	包装物	要求
1	纸箱	承受同类包装货物码放3米或4层的总重量
2	木箱	厚度及结构要适合货物安全运输的需要；盛装贵重物品、精密仪器、易碎物品的木箱，不得有腐蚀、虫蛀、裂缝等缺陷
3	条筐、竹篓	编织紧密、整齐、牢固、不断条，外型尺寸以不超过50厘米×50厘米×60厘米为宜，单件毛重以不超过40千克为宜，内装货物及衬垫材料不得漏出；承受同类货物码放3层的总重量
4	铁桶	铁皮厚度应与内装货物的重量相适应。单件毛重在25～100千克的中小型铁桶，应使用0.6～1.0毫米的铁皮制作；单件毛重在101～180千克的大型铁桶，应使用1.25～1.5毫米的铁皮制作

第二节 如何写作与管理沟通邮件

跟单员在日常工作中，经常需要与客户进行邮件沟通，能够写作用词专业、格式规范的沟通邮件不仅可以大大提高与客户的沟通效率，还可以为企业树立良好的形象。

一、如何写作规范的沟通邮件

1. 使用统一的信纸

跟单员与客户用纸质邮件沟通时，要使用统一的信纸，信纸上最好有公司的商标、主要产品介绍及图片等，这样不仅会给客户留下专业、正规的印象，而且还可以向客户传达更多的信息。

2. 版面整洁、格式规范

跟单员写作邮件时要把字体、字号（10 号~12 号较合适）设置好，字不要忽大忽小，也不要花花绿绿的，特别是不要全篇都使用大写字母，因为这样会增加阅读的难度，也容易引起他人的反感。除非是对一些需要特别提醒客户注意的地方，跟单员可以用大写、加粗、特殊颜色等突出显示。

另外，跟单员要注意邮件正文两端对齐，落款处要有公司标识及详细的联系资料。

3. 主题明确

跟单员发给客户的邮件主题最好有公司的名称和邮件处理的事项，比如公司的名称是 EXPORT，行业是 PLASTIC，这封邮件的内容是给一款产品报价，那么主题可以写成：Export Plastic/quotation of item A。这样做有一个好处，就是可以方便客户和企业将来查找信息。

4. 拼写无误

跟单员在每封邮件发出之前都应该仔细检查单词是否拼写正确，以免引起不必要的误会。

5. 表述准确

跟单员在邮件中要能够准确表达自己的观点，不要使客户产生任何歧义，尽量避免使用较长的句子，要方便客户理解。

6. 内容详细

跟单员在邮件中应详细地回答客户提出的问题，向客户介绍符合其需求的产品，但注意不要泄露商业机密和自己的成交底线。

7. 有条理

跟单员回复客户的邮件要把几件事情分开说，以免混在一起说不明白。如果事项较多时，可以标出序号分条说明。

8. 可引用图片、表格等

跟单员在描述商品外观和品质时，用文字表述往往不如用图片更直观，客户可以一目了然。当向客户报价时，跟单员也可以将不同商品和型号列出表格分别报价，以便客户对比、选择。

二、如何运用邮件跟进客户

1. 回复邮件要及时

跟单员应做到当天的邮件当天回复，在收到邮件后马上整理出自己不能解决的技术问题，及时反映给技术部门或者供应商，要求他们尽快给予详细答复。如果当天不能回复客户的邮件，跟单员要向客户说明原因，并给出能够回复的时间。

2. 适时跟踪

一般情况下，客户都是同时向很多供应商发出邮件，所以跟单员要适时跟踪进度，并让客户知道你在等待。如果企业有了技术改进或推出新的产品，要及时通知客户，争取促成成交。

三、如何鉴别及将询盘邮件分类

跟单员都很希望接到客户的询盘邮件，因为有询盘就有机会成交。但是，在收到的邮件中有一部分并不构成询盘。对询盘邮件进行鉴别和分类，并将最好的资源投入到真正的潜在客户身上，这将会大大提高跟单员的工作效率。询盘邮件的鉴别及分类如表2-6所示。

表 2-6　询盘邮件的鉴别及分类

客户类别	说明	应对策略
寻找卖家型	这种类型询盘的目的是采购商品。这种询盘的特点是：目标明确（例如，有品名、数量、交货条款等），信息全面（例如，有公司名称、地址、电话、传真、联系人等），询问专业，问题详尽	跟单员对这类询盘要给予高度关注，及时、准确、全面、专业的答复和有竞争力的报盘是促成交易的关键
信息收集型	这种类型的询盘者可能正要开发或仿造和本企业的产品相同或相似的产品，他们需要了解市场，得到更多的行业信息。这种询盘的特点是十分专业，也许和对方交流一两次，他们就会汇来购样品款。但是，他们很可能会成为企业的竞争对手	跟单员回复这类询盘要把握尺度，超出业务范围的话题要设法有礼貌地拒绝
索要样品型	这类询盘的目的是索要免费样品。跟单员经过与他们的交流，就会发现他们对价格、质量等并不关心，他们关心的只是寄送样品的问题	跟单员遇到这样的客户，要坚持让他付样品费和邮费
窃取情报型	这种类型询盘的目的在于刺探本企业的成交价格、交易条款等信息，询盘者据此制定对他们更有利的市场策略	跟单员要鉴别这类询盘的难度较大，往往要经过多次往复的交流，通过经验才能鉴别

四、如何管理沟通邮件

跟单员往往对以下现象很苦恼：邮件过多，要找一封邮件要花费很久；重装一次电脑，邮件就都没有了。为了避免这种现象，这我们介绍几种管理邮件的方法。

（1）在 OE 里面，默认的邮件文件夹地址在系统盘，遇到重装电脑的时候，可以点击工具——选项——维护——存储文件夹，将文件夹转移到非系统盘。

（2）在 OE 里面，按照客户姓名或者地区等新建文件夹，将相关的邮件存储到相应的文件夹里面。例如，建立一个以客户姓名命名的文件夹，将该客户发送来的邮件全部存在这个文件夹里面。

（3）重要客户的重要邮件应该及时保存到安全的地方，并做备份。

（4）一些格式化的信息可以单独保存，如公司介绍等。还有一些适用于不同客户的信息，比如你解答了一个客户的某个问题，或许以后还会有其他客户询问相关问题，你就可以将这个问题的答案保存起来，直接回复给其他客户。

第三章　接单是这样操作的

第一节　接单有哪些步骤

外贸跟单员所有的工作都是围绕订单进行的。在接单之前，跟单员有必要了解接单的流程及每一步骤的要点，以便更好地处理好接单过程中的各种关键性事务。

接单的流程及要点说明如表3-1所示。

表3-1　接单流程及要点说明

流程	要点说明	备注
网络搜索　他人介绍　其他途径	充分利用各种途径收集信息	
建立客户信息库	整理客户资料，制作客户资料卡，建立客户信息库	客户信息库中的资料一定要及时更新
确定目标客户	分析客户信息库的资料，确定可以合作的客户	
写作客户开发信	写作正确、得体的客户开发信，介绍企业主要产品及相关信息	表明企业希望与客户建立业务关系的愿望
回复客户询盘	准确、及时地回复客户询盘	
报价	制作报价单发送给客户	报价单最好制作成PDF文档
寄样	按照客户要求寄送正确的样品	
接待客户验厂	在客户验厂时要全程陪同	尊重客户的文化习惯，做好接待安排
跟进确认	及时跟进，尽量促成客户下单	

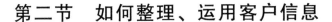

第二节　如何整理、运用客户信息

跟单员需要对已收集的客户信息进行分析整理，并且当客户信息有变化时要及时更新。例如，客户的电话号码变了，跟单员储存的客户资料就要及时更改，否则就有可能联系不上这个客户，使企业失去潜在客户和订单。

一、客户信息表格化

客户资料卡是跟单员进行客户管理的一个很好的工具。在日常工作中，有的跟单员建立了许多表格，但是不会管理表格，各种表格杂乱地堆在办公桌上，找一份客户资料往往要花上半个小时，大大影响了工作效率。最好的办法是将客户资料卡分类存档，既可以按客户公司名字的第一个英文字母来排列，也可以按地区、国别来排列，然后将排列好的客户资料卡有规律地放到文件夹里，这样查找起来就非常方便了。

表3-2、表3-3、表3-4提供了客户资料卡及相关表格的范本，以供参考。

表3-2　客户资料卡

编号：

客户名称			所属国家（或地区）		
基本信息					
经营范围					
客户税号					
开户银行					
账号					
联系信息	地址			邮编	
	电话			传真	
	E-mail			网址	
	QQ			MSN	

（续表）

主要联系人	姓名		电话	
	部门		职务	
资信状况				
信用等级				
资信能力				
市场容量				
经营业绩				
组织结构				
竞争对手状况				
备注				

表3-3　客户地址分类表

国家（或地区）：

序号	客户名称	地址	经营类别	网址	联系电话	备注

表3-4　客户等级分类表

项目 等级	客户名称	客户编号	经营范围	年平均 贸易量	联系人	联系电话
A 等						
B 等						
C 等						

二、灵活运用客户信息库

现在许多公司已经建立了客户信息库，而且信息系统非常完善，主要发挥以下作用。

（1）客户资料管理、客户开发。

（2）竞争情报分析。

（3）客户满意度调查、客户跟进。

（4）财务状况分析。

（5）提供个性化服务。

（6）服务状况分析。

跟单员要学会灵活运用客户信息库查找自己所需要的信息，在将自己所收集整理的资料录入系统时也要非常仔细认真，以保证资料的准确性，遇到模糊或有疑问的信息一定要核实确认。

第三节　写好开发信，赢得更多客户

跟单员写作客户开发信的目的是为了主动吸引客户，争取更多的贸易机会。

一、客户开发信要简练、专业、恰当、清晰

跟单员写作客户开发信时一定要做到简练、专业、恰当、清晰，具体说明如表3-5所示。

表3-5 客户开发信的写作要求

序号	要求	具体说明
1	简练	客户开发信的语言一定要简练，否则就有可能被当作垃圾邮件处理
2	专业	（1）写作客户开发信一定要采用规范的格式、专业的语言，表明公司拥有优质的产品和服务 （2）在客户开发信的末尾一定要附上公司地址、网址、联系方式、主要联系人姓名等，给客户留下专业、正规的印象
3	恰当	写作客户开发信前，跟单员需要通过背景调查弄清客户所需，使写作的内容具有针对性，做到言之有物
4	清晰	（1）在一些情况下，图文并茂的效果往往会比单纯的语言描述要好得多。因此，跟单员要充分利用电子邮件可发送图片的优势 （2）跟单员在发出信件之前要仔细检查有无拼写或语法错误，以免造成误解

二、客户开发信格式要规范

客户开发信主要包括以下几个部分。

（1）信头：指发信人的地址与发信日期，在实际写作中可以省略。

（2）称呼：一般用"Dear Sirs,"，不用单数。称呼后面的标点一般用逗号（,），不用冒号（:）或分号（;）。

（3）事由：一般用"Re:"，简明扼要地说明商品名称、数量等即可。这一部分在有些客户开发信中也可被省略掉。

（4）开头语：简要地写明来信的目的。

（5）正文：主要包括本公司简介和产品介绍。需要注意的是，产品介

绍应着重对主打产品以及产品优势进行介绍，以吸引客户。

（6）结尾语：结尾语一般用来总结正文中所谈的事项，提出对收信人的要求，如希望来函、答复询问及作必要声明等，另外也附加一些略带客套的语言。结尾语的位置在正文结束之后，另起一段。

（7）签名：签名在结束语之下，并需注明联系电话、传真、E-mail 等。

第四节　客户询盘，回复有招

跟单员要认真对待客户的询盘，不要因客户小而不理睬，因为这有可能让你失去一个大的订单。跟单员回复客户询盘要及时，因为客户询盘的对象往往不只一家公司，有可能同时向十几家公司发出询盘，如果跟单员接到客户询盘半个月后才回复，客户很可能已经和其他公司签下合约了。

客户询盘的方式有电话、传真、电子邮件等，跟单员在收到客户询盘时要仔细查看其询盘内容后再回复。

一、询盘内容不同，回复也有区别

客户询盘主要分为以下两种。

1. 询盘的内容很空泛

客户询盘如果只是泛泛而谈，没有涉及实质性的产品、规格等方面的信息，跟单员则应查看客户的网站，了解其经营什么产品、对产品的要求是怎样的，然后给予简单回复，说明该公司可以向他们提供的产品，并要求对方提供详细的产品需求信息，告知客户不同规格的产品价格是不一样的，没有具体的产品规格公司难以报价。跟单员也可邀请客户浏览本公司网站，说明网站上有很多产品介绍可供其参考。同时，跟单员还可以根据客户网站的产品提供给他一个大致的产品规格表，让客户确认是否需要这些产品，如果需要再进一步联系。

2. 询盘的内容很详细

一些客户询盘的内容很详细，将产品名称、规格、参数，甚至交期都写得很清楚。对于这类询盘，跟单员首先也需要查看对方的资料，接下来可以制作一个产品目录表，列明客户所需产品的详细信息。

成功关键点

在回复客户询价时，跟单员最好还应介绍本公司的基本情况、产品质量控制状况、供货能力、创新能力等客户关心的问题。跟单员平时就可以把这些内容制作成一个模板，要用时复制一下，再根据具体情况略加修改润色使用。

二、客户询盘怎样跟进

不管是哪种情况的询盘，跟单员都要及时跟进。跟单员每天早上到办公室的第一件事就应该是打开邮箱，看看有没有客户回复的邮件。当然，在其他时间也要不时地关注。如果客户有具体的回复，跟单员要根据客户回复的内容提供更详细的信息。

第五节 报价不要随便，要有针对性

报价并不是一件简单的事，里面有很多技巧。有的跟单员不管客户的具体要求如何就把一份事先制定好的报价单发过去，这是最不动脑筋的办法，也是成交率最低的一种办法。要想提高成交率，跟单员必须认真分析客户类型，针对不同客户对产品提出的要求进行有针对性的报价。

一、报价一定要中肯、要快

跟单员在报价时要注意以下三点。

（1）报价要适中。报价太高会直接被客户否定，报价太低会让公司在谈判中处于被动。

（2）报价要快，太慢可能会贻误时机。

（3）报价要准确，不能随意更改。

成功关键点

　　要做到报价准确有两个方法：一是经常调查了解同行的价格；二是经常跟工厂技术人员接触，了解产品生产每一环节的成本，掌握报价变动幅度。

二、不要忽视价格构成因素

　　通常而言，跟单员在报价时应充分考虑到产品的各种成本、相关费用以及预期利润。此外，汇率也是不可忽视的因素。

三、价格核算必须慎重

　　报价通常使用 FOB、CFR、CIF 三种价格。跟单员在对外报价核算时应根据上述价格构成要素确定各种产品的价格。在具体实施时，可设计一个《价格核算分类汇总表》，如表3-6所示。

表3-6　价格核算分类汇总表

产品 / 价格构成要素	A产品	B产品	C产品
成本（不含包装）			
包装			
装柜			
运费			
保险费			
汇率			
退税			
银行费用			
预期利润			
合计			

以下内容是一个具体的对外报价核算案例。

案例

报价核算

A贸易公司2010年收到B公司求购6 000双牛皮面料、腰高6英寸女靴（一个40英尺集装箱）的询盘，经了解每双女靴的进货成本为人民币90元（含增值税17%），进货总价：$90 \times 6\,000 = 540\,000$元；出口包装费每双3元，国内运杂费共计12 000元，出口商检费350元，报关费150元，港区港杂费900元，其他各种费用共计1 500元。A公司向银行贷款的年利率为8%，预计贷款两个月，银行手续费率为0.5%（按成交价计），出口女靴的退税率为14%，海运费：大连——都柏林，一个40英尺集装箱的包箱费是3 800美元，客户要求按成交价的110%投保，保险费率为0.85%，并在价格中包括3%佣金。若A公司的预期利润为成交金额的10%，人民币对美元的汇率为6.63:1，试报每双女靴的FOB、CFR、CIF价格。

第一步，核算成本

实际成本＝进货成本－退税金额（退税金额＝进货成本÷（1＋增值税率）×退税率）

$$= 90 - 90 \div (1 + 17\%) \times 14\% = 79.230\,8（元/双）$$

第二步，核算费用

(1) 国内费用＝包装费＋（运杂费＋出口商检费＋报关费＋港区港杂费＋其他费用）＋进货总价×贷款利率÷12×贷款月份

$$= 3 \times 6\,000 + (12\,000 + 350 + 150 + 900 + 1\,500) + 90 \times 6\,000 \times (8\% \div 12) \times 2$$

$$= 18\,000 + 14\,900 + 7\,200 = 40\,100（元）$$

单位货物所摊费用＝40 100元÷6 000双＝6.683元/双

（注：贷款利息通常以进货成本为基础）

（续表）

（2）银行手续费 = 报价 × 0.5%

（3）客户佣金 = 报价 × 3%

（4）出口运费 = 3 800 ÷ 6 000 × 6.63 = 4.199（元/双）

（5）出口保险费 = 报价 × 110% × 0.85%

第三步，核算利润

利润 = 报价 × 10%

第四步，核算三种贸易方法报价

（1）FOBC3% 报价的核算：

FOBC3% 报价 = 实际成本 + 国内费用 + 客户佣金 + 银行手续费 + 预期利润

= 79.230 8 + 6.683 3 + FOBC3% 报价 × 3% + FOBC3% 报价 ×

0.5% + FOBC3% 报价 × 10%

= 85.914 1 + FOBC3% 报价 ×（13.5%）

等式两边移项并计算得：

FOBC3% 报价 = 99.322 7（元/双）

折成美元：FOBC3% = 99.322 7/6.63 元 = 14.98（美元/双）

（2）CFRC3% 报价的核算：

CFRC3% 报价 = 实际成本 + 国内费用（单位货物所摊费用）+ 出口运费 +

客户佣金 + 银行手续费 + 预期利润

= 79.230 8 + 6.683 3 + 4.199 + CFRC3% 报价 × 3% +

CFRC3% 报价 × 0.5% + CFRC3% 报价 × 10%

等式两边移项并计算得：

CFRC3% 报价 = 104.177 0（元/双）

折成美元：CFRC3% = 104.177 0 ÷ 6.63 = 15.71（美元/双）

（续表）

（3）CIFC3% 报价的核算：

CIFC3% 报价＝实际成本＋国内费用（单位货物所摊费用）＋出口运费＋

客户佣金＋银行手续费＋出口保险费＋预期利润

＝79.230 8＋6.683 3＋4.199＋CIFC3% 报价×3%＋CIFC3%

报价×0.5%＋CIFC3% 报价×110%×0.85%＋CIFC3% 报

价×10%

等式两边移项并计算得：

CIFC3% 报价＝105.315 4（元/双）

折成美元：CIFC3%＝105.314÷6.63＝15.88（美元/双）

第五步，三种贸易方式对外报价

（1）USD 14.98/pair FOBC3% Dalian（每双 12.04 美元，包括 3% 佣
金，大连港船上交货。）

（2）USD 15.71/pair CFRC3% Dublin（每双 12.77 美元，包括 3% 佣
金，成本加运费至都柏林。）

（3）USD 15.88/pair CIFC3% Dublin（每双 12.91 美元，包括 3% 佣
金，成本加运费、保险费至都柏林。）

四、报价单最好制作成 PDF 文档

报价单制作成 PDF 文档既可以避免病毒，也不容易被客户的邮件系统误判为垃圾邮件或病毒邮件而拒收。每家公司、每个产品的报价单都有所不同，但内容基本一样。以下是一个报价单范本，以供参考。

报价单

报价日期：　　　年　　　月　　　日

Supplier 供应商		Address 公司地址		Contact 联系人姓名				
Approvals 产品认证		Tel. 电话号码		Fax 传真号码				
Established 成立时间		OEM 贴牌加工		Employees 员工人数				
R&D staff 研发人数		Website 公司网址		E-mail 邮箱地址				
Mobile 手机号码		Messenger 即时通信		MSN：				
				Skype：				

Item No. 货号	Description of Materials 产品描述	Product's Photo 产品图片	Product's Measure 产品尺寸	FOB/CIF/ CFR USD 美元报价	QTY./ CTN PCS 每箱个数	CTN's Measure 外箱尺寸	N.W (kg) 产品净重	G.W. (kg) 产品毛重

Remarks 备注	
1. Payment terms 付款方式	
2. Single package's type, material and size 单个包装的方式、材料及尺寸	
3. Inner package's type, materials and size 内包装的方式、材料及尺寸	

（续表）

4. QTY. /Inner Package 内包装中的产品数量	
5. CTNs/20'，QTY. /20' 每个20尺货柜中的箱数和产品个数	
6. CTNs/40'，QTY. /40' 每个40尺货柜中的箱数和产品个数	
7. Delivery time 交货期	
8. Others 其他条款	

五、发送报价单后及时通知客户

跟单员在检查报价单准确无误后可以通过 E- mail 及时发送给客户。如果客户规定了发送方式与时间，就应按客户要求发送。在发送报价单后，跟单员一定要及时通知客户接收，并请对方在有效期限内作出回应。

六、报价单一定要留底

报价单发送给客户之后，跟单员一定要自己留底，可以设计一份表格来管理所有的报价单，表单名称可按客户名来分类。如此一来，当客户在未来的某个日期来函要求对价格进行调整时，跟单员就能回顾当时的报价，了解当时报价的基础，再根据现时情况进行必要调整了。《报价单管理表》如表3-7所示。

表 3-7　报价单管理表

客户名称：　　　　　　　　　　　　　报价日期：　　年　　月　　日

	客户要求		
	报价情况		
报价的计算			
	成本项目	计算方式	金额
国内费用	包装费		
	运杂费		
	商检费		
	报关费		
	港区港杂费		
	其他费用		
	银行贷款利息		
	银行手续费		
	客户佣金		
	出口运费		
	出口保险费		
备注			

七、如何应对客户压价

几乎每一次报价客户都会说高，跟单新手在对产品不是很熟悉的时候常常会被动降价，虽然会向客户说明降价理由，如"很期望跟您合作，我们很重视您并且愿意跟大公司合作……"但这样轻易降价之后，客户依然认为你的产品价格比别人的高，而且也可能因此失去客户。所以，跟单员一定不要轻言降价，要做到这一点需注意以下四个方面。

（1）首先，每一次报价都要经过仔细核算，不要报得太离谱。

（2）每一份报价单都要填写完整，有公司抬头等，这样至少客户会认为你很认真，尤其不要直接在邮件正文中报价，这样客户既不好保存，也不好查阅。

（3）每一份报价单都要包括相关产品完整的信息。

（4）每一份报价单都要有期限，可以设定为一个月或两个月。

成功关键点

> 跟单员不轻言降价的前提是熟悉自己所经手的每一规格的产品，熟悉产品生产环节的成本构成。这样就会了解产品的价格底线在哪里，避免盲目报出超高价格；而价格一旦报出也是有理有据，决不会轻言降价。

第六节　客户索要样品，必须给吗

客户在确定下单之前，一般会先请卖方提供样品以供查看、检验。因此，跟单员还必须做好样品寄送工作。

一、样品费、快递费谁来付

并不是每个客户索要样品跟单员都必须寄出，而是要分析其是否有下单的可能；否则，企业不但要支付高额的样品费和寄送费，而且可能根本拿不到单。另外，国际快递费用相当高，所以，跟单员在寄样品时也要考虑谁付快递费的问题。通常，样品费和快递费可以作如下处理。

（1）对于新客户，若样品货值较低，企业可免收样品费，快递费到付；若样品货值较高，既要收样品费，快递费也要到付。如果跟单员觉得客户诚意不够，在样品货值低的情况下也可以适当收一些样品费。

（2）对于资信较好的老客户，样品费和快递费都可以垫付。

（3）新客户如果要求免样品费，跟单员可以告诉他收样品费是公司的规定，如果客户下单，这些费用将在客户付款时抵扣。

（4）如果客户已经下了订单再要求企业寄送产前样或大货样，在这种情况下快递费一般由本企业承担。

二、哪种寄样方式好

跟单员寄样时可以选择一般的邮政寄送或快递。

（一）邮政寄送

邮政寄送的价格比较便宜，时间在两周左右（不含目的国的海关检验和其国内的邮政递送时间）。此方法适用于大宗低值样品寄送，可在各地邮局办理。

（1）一般商品（非危险品）可正常寄送。

（2）如果是普通化工品，需要出具一般的品质证书（证明其无毒、无害、无爆破性等），以便于海关查验、核实。

（3）如果是危险化工品或者疑似危险化工品（如钛白粉等），需要出具特殊证明，以便特殊托运。

（二）快递

快递是寄送样品最常用的一种方式，主要可以通过中国邮政或联邦快递、天地快递、中外运敦豪等国际快递公司寄送。

当然，如果样品重量或体积比较大，也可以选择空运。快递和空运都是通过飞机运输送达目的地的，但快递是"门到门"服务，操作简单；空运则较复杂，要托运、报关，而且通常空运只送货到对方临近的机场。

三、不要单单只寄样品

跟单员在给客户寄送样品时应注意以下事项。

（1）样品及资料要齐全。

（2）样品上要注明本公司标志或联系方式，以便宣传。

（3）跟单员可以考虑在样品里放些轻巧实惠的小礼物，可以是一张精美的卡片，或是一小包茶叶，体现你的心意，给客户一种很周到、认真的印象。

（4）随附一些客户想知道的材料、信息。很多客户在采购产品时也会采购相关的其他商品，如果能随附与产品相关的资料，可以给客户多一些帮助，促进交易的达成和提升业绩。

四、寄样后确认客户是否收到

当样品寄出之后，跟单员要用邮件第一时间通知客户发样信息，最好将快递单扫描给客户，告知其大概的到达时间，请客户收到样品后确认。在预计客户收到样品后，跟单员还要发送传真或电子邮件进一步确认客户是否收到样品，同时将寄送情况登记在《样品寄送记录表》上，《样品寄送记录表》如表3-8所示。

表3-8　样品寄送记录表

序号	日期	客户	寄送样品名称	数量	寄送单号	预计到货时间	客户确认到货时间	备注

第七节　怎样接待客户验厂

通常客户收到跟单员寄送的样品后就会有相应的回应。如果客户通知说要验厂，一般就说明客户已经对产品很感兴趣，希望有进一步的合作。客户验厂后下单的概率是很大的，所以，接待客户验厂这项工作很重要。

一、接待客户，你准备好了吗

俗话说，不打无准备之仗。在客户到厂之前，跟单员有必要做好以下各项准备工作。

（1）确定客户准确的来厂时间。

（2）安排好车辆接送。

（3）整理好与客户之间的邮件往来内容、聊天记录、电话交谈主要内容，特别是一些表格、单据、文件等最好先打印出来，以备不时之需。

（4）准备好椅子、杯子、名片、相机、录音录像设备、公司宣传资料等。

（5）了解并记住客户来自的国家及地区，尊重其饮食习惯、生活习惯和宗教习俗。

二、陪同客户验厂，该看什么

客户到达后，跟单员要在预定的时间陪同客户看厂。

（一）看厂前的准备

跟单员在陪同客户看厂之前要准备好包、名片、纸巾、口香糖、数码相机、纸、笔等。

（二）陪同客户看厂

跟单员在陪同客户看厂时要注意让其了解以下内容。

（1）工厂是否有客户意向产品的生产线、生产经验和生产能力。

（2）工厂产品样品检测过程。

（3）产品获得的认证。

（4）产品的性价比。

（5）工程技术人员在一旁对样品进行现场检测，打印出产品检测的技术参数，并加以解释；产品检验所用的检测设备、产品的性能及技术参数是客户关注的重点。

（6）样品的外表美观程度、内部构造及部件的质量。

（7）工厂的模具开发能力。

（8）交货的及时性。

（9）工厂的规模。

（10）工厂的生产经验及历史。

（11）产品的 OEM 加工。

（12）货柜的装货数量。

（13）产品单个包装、内外包装方式。

三、送别客户要说谢谢

跟单员在与外商告别时要对其验厂表达谢意，并表示愿意继续提供相关帮助和服务（如预订房间、机票、兑换外汇等），建立长期合作关系和希望其再次来访。另外，跟单员可顺便询问其接下来的行程，并预计其到达目的地的时间，适时加以联系，以示问候。

四、陪客户验厂时的常用英语

跟单员陪同客户验厂时要主动地与客户交谈，并积极回答客户提出的问题。以下介绍一些常用的交谈用语。

（一）常用句子

1. let me give you a whole picture of our operation. 我将向您全面介绍我们厂的运作情况。

2. let me take you around the factory. 让我带您到工厂四周看看。

3. As our time is limited…我们的时间有限，因此……

4. I hope you are not bothered by the noise. 希望噪声不会打扰您。

5. would you mind to use this for securite? 请使用这个，以保证安全。

6. At present, there are 968 workers at the manufacturing plant. 目前，工厂有 968 名员工。

7. Watch your step. 请注意您的脚下。

8. sorry, I'm not sure with that point. Let me call someone who is more knowledgeable. 关于那一点我不太熟悉，我打个电话给比较了解情况的人。

9. Please don't touch the machine. 请不要触摸机器。

10. Please come this way. 请这边走。

11. Our company engage in a wide range of related products. 本公司经营一

系列相关产品。

12. How big is your company? 贵公司的规模有多大？

13. What is your market share? 贵公司的市场占有率是多少？

14. I'm not familiar with that part. 那一部分我不熟悉。

15. Well, shall we have a break? You must be tired to visit our plants at all. 好了，我们是不是应该休息一下呢？一下子参观完我们全部的工厂，您一定是累了。

16. would you mind having Chinese food for lunch. 希望您不要介意中午吃中餐。

17. We still have plenty of time, so if you'd like to stop by any place, please let me know. 我们还有很多时间，所以如果您想在哪里逗留一会儿，请提出来。

18. Are all these available now? 这些产品有现货吗？

19. Can you please provide me with some samples? 您可以给我一些样品吗？

20. If you decide to purchase our products, I believe you won't be disappointed. 如果您决定用我们的产品，保证不会让您失望的。

21. That's finished. Is there anything else you'd like to see? 就这些，您还有其他想看的吗？

22. Let's go up to my office and discuss more… 我们上楼到办公室去进一步讨论……

23. What did you think about our factory? 您觉得我们的工厂怎么样？

24. What's your overall impression? 您的总体印象如何？

25. I'm very favorably impressed. 我的印象很好。

26. Today's visit is finished, I think the car is waiting for outside. 今天的活动安排已结束，我想我们的车已在等候。

（二）常用对话

以下提供一些在陪同客户验厂时的常用对话。

对话1

Henry：Let me show you around and explain the operation as we go along.

Tim：That will be most helpful.

Henry：That is our office block. All of our administrative departments located there. Next block is the research and development section.

Tim：How much do you spend on R&D every year?

Henry：About 3% ~4% of the gross sales.

Tim：What's that opposite building for?

Henry：That's the warehouse. We keep some product stocks for some urgent orders there.

Tim：If I placed an order now, how long would it be delivered?

Henry：It mostly depends on your order quantity and which product you order.

Henry：我陪您到各处看看，边走边讲解生产操作。

Tim：那太好了。

Henry：那是我们的办公大楼。我们所有的行政部门都在那里。那边是研发部。

Tim：你们每年在科研上投入多少资金？

Henry：大约是总销售额的3% ~4%。

Tim：我们对面那座建筑是什么？

Henry：那是仓库，我们存放周转快的货物，以便于有紧急订单时，我们可以快速交货。

Tim：如果我现在订购，到交货前需要多长时间？

Henry：那主要得看您订单的大小以及您需要的产品而定。

对话2

Tim：How large is the plant?

Henry：It covers an area of 75, 000 square meters.

Tim：It's much larger than I expected. When was the plant set up?

Henry：In the early 1970s. We'll soon be celebrating the 30th anniversary.

（续表）

Tim：Congratulations！

Henry：Thank you.

Tim：How many employees do you have in this plant?

Henry：There is totally 500 employers on three shifts.

Tim：Is your in charge of the whole processing from the raw material to the finished product?

Henry：No. Our associated factory is in charge of producing some accessories. Well, this is our producing spot. Shall we start with the assembly line?

Tim：That's fine.

Tim：这个工厂有多大?

Henry：面积有 75 000 平方米。

Tim：比我想象的要大多了，什么时候建厂的?

Henry：70 年代初期。我们很快要庆祝建厂三十周年了。

Tim：祝贺你们!

Henry：谢谢。

Tim：这个工厂有多少员工?

Henry：500 名员工，我们是三班制。

Tim：从原料到成品都是工厂自己生产吗?

Henry：有些零配件是我们的联营单位生产的，他们是专门从事这一行业的。好了，到生产车间了，咱们从装配线开始看，好吗?

Tim：好的。

对话 3

Henry：Put on the helmet, please.

Tim：Do we need to put on the jackets as well?

Henry：It would be better. Now please watch your step.

Tim：Thank you. Is the production line fully automated?

Henry：No, it is not fully automated.

（续表）

Tim：Ok. How do you manage the quality of product?

Henry：All products should be go through six inspection steps within the whole manufac-turing process.

Tim：What's the monthly output?

Henry：One thousand units are made for each month now. But we'll start to make 1,200 units from October.

Tim：What's your usual percentage of rejects?

Henry：About 2% in normal operations.

Tim：That's wonderful. Is that where the finished products come off?

Henry：Yes. Shall we take a break now?

Henry：请戴上安全帽。

Tim：我们还得穿上罩衣吗？

IIenry：最好穿上，请留神脚下。

Tim：谢谢。生产线都是全自动的吗？

Henry：哦，不全都是自动的。

Tim：哦，那你们如何控制质量呢？

Henry：所有产品在整个生产过程中都必须通过六道质量检查关。

Tim：你们的月生产量是多少？

Henry：目前是每月生产 1 000 个，但从十月份开始每月将生产 1 200 个。

Tim：每月的不合格率通常是多少？

Henry：正常情况下为 2% 左右。

Tim：那太了不起了。成品从那边出来吗？

Henry：是的，现在我们稍微休息一下吗？

对话 4

Tim：Thank you so much for taking me a tour on the plant. It would be helpful to under-stand your product .

Henry：It's my pleasure. Would you mind telling me your overall impression on our plant?

（续表）

Tim：Very impressive, indeed, especially the speed of your AT Model.

Henry：That's our newest product which has a high performance. We just launch it on the market two months ago.

Tim：The machine would be very conpetitive on market, I guess.

Henry：Sure. No any machine catch up it on speed.

Tim：May I have some introduction brochures for that machine together with the price list if possible.

Henry：Right. Here is our catalog and price list.

Tim：Thank you. I'm looking forward to the further copperation with you in the future.

Tim：谢谢你们陪同我参观了整个工厂。这次参观使我对你们的产品范围有了一个很好的了解。

Henry：带客户参观工厂是我们的荣幸。不知道您的总体印象如何？

Tim：非常好，尤其是你们的 AT 型机器的速度。

Henry：那是我们新开发的产品，性能很好，两个月前刚投放市场。

Tim：我想，这款机器会让你们比竞争对手更有优势。

Henry：当然！就速度而言，目前没有厂家能和我们相比。

Tim：能给我一些那种机器配套的小册子吗？如有可能，还有报价。

Henry：好的，这是我们的说明书和报价单。

Tim：谢谢，我想也许将来我们可以合作。

第八节　及时跟进确认，尽量促成交易

跟单员在寄送样品、陪同客户验厂等工作完成后，一定要及时跟进，以加深客户对企业和产品的印象，尽量促成交易。

一、跟进时应询问哪些事项

跟单员在跟进确认阶段应及时与客户取得联系，询问其对本企业的评价，表达对客户的重视，体现自身的专业精神。无论客户对企业满意与否，都要得到其对企业，尤其是对产品的具体评价及看法。

二、如何及时处理客户反馈

在客户验厂结束后，客户会根据验厂时的所见所闻发表反馈意见，对于客户的反馈意见，跟单员要及时处理。

(1) 如果客户反馈意见较好，跟单员应及时沟通，并询问客户是否考虑进一步合作，通过旁敲侧击促成客户签订订单。

(2) 如果客户反馈意见不太好，或指出了不满意的地方，跟单员一定要尽量解释清楚，以求得其理解。当然，如果本次不成功并不意味没有希望，跟单员应经常与客户联系和沟通，为日后的合作打好基础。

(3) 如果客户提出了具体改善意见，跟单员一定要表示立即改善，并表达希望客户再次验厂的意愿，以促成合作。

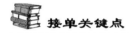

接单关键点

跟单员在接单时应注意以下要点。

◆ 在使用搜索引擎时，可根据产品所属的行业类别进行精确搜索。

◆ 写作客户开发信要有针对性，语言一定要简明扼要，在内容上突出企业的优势所在。

◆ 回复客户询盘时应介绍企业的生产情况、产品质量控制情况等客户关心的问题。

◆ 报价时不能轻言降价，但也不能盲目报高价，一定要熟悉产品每一个生产环节的成本。

◆ 在寄样前要分析客户是否有下单的可能，不要盲目寄送样品。

◆ 接待客户验厂后一定要及时跟进，要与客户保持联系，尽力促成合作。

◆ 要少接或不接信誉不良客户的订单，接单时一定要作好全面的记录，以便追溯。

第四章　有订单了，客户来啦

第一节　订单处理有哪些步骤

跟单员在收到客户订单后要对订单进行处理，订单处理有五大步骤，其流程及要点说明如表4-1所示。

表4-1　订单处理流程及要点说明

流程	要点说明	备注
接到订单		
整理订单　·翻译订单　·分类整理	将外文订单翻译为中文，并分门别类	订单翻译要准确，不能出现错误
审核订单	确认订单是否与约定一致	重点对产品信息、价格、交货期、付款方式、有包装要求等内容仔细审核
确认订单	确认订单是否完全正确，如订单中有错误或有与约定不一致的情形应及时与客户沟通，并达成修改的一致意见	
分发订单	将订单分发给生产部、品质部、仓储部、采购部、销售部、财务部等相关部门	

第二节　整理订单，做到心中有数

由于跟单员所跟的不仅仅是某一个客户的订单，有时候要负责多个客户的订单，所以在接到订单后要在第一时间将其翻译并分类整理出来。

一、订单翻译不能出错

客户下单后，跟单员应立即放下手头其他并非万分要紧的工作，在第一时间将其翻译成中文。翻译成中文的订单要与客户的英文订单保持一致，不能有数据、日期等的差错。跟单员在翻译后还要就品名、规格、各种参数、数量、交期等进行重点校对，最好将翻译成中文的订单交给该订单的外贸业务员再审核一遍。

二、订单初步确认

在将订单翻译成中文后，跟单员应立即对订单进行初步确认，对客户交代不清的内容应告知外贸业务员发电子邮件与客户书面确认。

外贸业务员发电子邮件后，客户在上班时间四个小时内没有回复的，跟单员应立即做两件事：第一，告诉外贸业务员打电话给客户，催促客户尽快书面回复；第二，口头汇报给上司，讲明情况，如上司提出新的建议应按上司的要求去做。

三、订单及时分类整理

订单翻译确认后，跟单员要将不同客户所下的订单分类整理，以免混淆。通常而言，订单可按不同客户或轻重缓急划分。

（一）按客户划分

根据客户订单量的大小可将客户分为重要客户、特殊客户、一般客户三类，具体说明如表4-2所示。

表4-2　不同客户划分

序号	客户类别	说明
1	重要客户	订单量大、为公司带来丰厚利润的客户
2	特殊客户	与公司关系密切或属于特殊机构的客户
3	一般客户	（1）偶尔有订单、数量不多的临时客户 （2）订单很小的零星客户

（二）按轻重缓急划分

按照轻重缓急可将客户的订单分为四种类型，具体说明如表4-3所示。

表4-3　订单的轻重缓急划分

序号	订单类别	说明
1	急单	订单交期提前于正常生产周期，订单数量大于正常产能
2	重单	重要客户和特殊客户下达的订单
3	轻单	各种一般客户下达的订单
4	缓单	订单交期在正常生产周期内可以完成

跟单员在对订单进行分类后，可将订单整理在《客户订单清单》中，以便一目了然地了解订单详情。《客户订单清单》如表4-4所示。

表4-4　客户订单清单

客户名称	下单日期	订单号	产品名称	规格	数量	金额	交货日期	付款方式	备注

第三节　审核订单，保证一致

在将订单进行分类整理后，跟单员要着手对其进行审核，以确定订单的相关内容与事先约定是否完全一致。

一、订单常见问题，你发现了吗

企业在执行各种订单的过程中，常因一些订单中的漏洞与差错而影响订单的正常履行。以下是订单中常见的一些漏洞与差错，跟单员要尽量避免。

（1）客户名称写得不全或字母不准。

（2）客户的电话、传真、MSN 等联系方式被忽略或写错。

（3）价格计算有误或阿拉伯数字与相应的大写不符。

（4）包装条款含混不清。

（5）合同条款不明确或前后矛盾。

（6）唛头标记不明确。

（7）目的港选择不当。

（8）装运港规定过死或出现原则性错误。

二、审核订单需关注哪些事项

跟单员审核订单需关注图 4-1 中的各项内容。

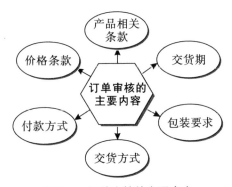

图 4-1　订单审核的主要内容

（一）产品相关条款

所有订单都是围绕产品进行的，因此在审核订单时首先要查看产品的相关条款，包括产品的名称、规格和数量。

国外客户发来的订单很多时候是英文的，有些只有产品代码，这时跟单员应对照相关资料册查出产品的中文名称及规格。

（二）价格条款

价格条款是订单的主要内容之一，在审核时可从单价、总额、价格术语三方面进行，具体的审核要点如表4-5所示。

表4-5　价格条款的审核要点

序号	审核内容	要点
1	单价	(1) 如果客户标出单价，要将本企业的单价表拿出，对照单价条款查看客户单价标示是否有误 (2) 如果客户未标出单价，跟单员应对照单价表查找单价并审核 (3) 如果是新客户下单，跟单员应查核以前给此类客户的报价
2	总额	主要审查客户单价总额计算是否准确
3	价格术语	主要审查订单的单价是否使用的是对应的价格术语，如 CIF 价、CFR 价、FOB 价等，绝不能混淆

（三）交货期

客户下单时一般都会说明所订产品的规格，规定具体的交货期，但有时也可能没有规定交货期。无论客户是否规定交货期，跟单员都应根据订单数量的多少、材料采购进仓的状况、目前生产部的生产安排向客户报一个实际交货期。对于急单，能插单安排生产则插单，不能插单的，跟单员要向客户解释清楚，并协商确定交货期。

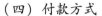

（四）付款方式

主要检查客户的付款方式是否为本企业所接受，以保证安全收汇。如果客户采用企业不能接受的付款方式，跟单员应电话或传真告知客户这一付款方式是企业不能接受的，请修改为企业可以接受的其他付款方式。

（五）包装要求

主要审查本企业是否能够满足客户的包装要求，客户提供的包装资料是否齐全，有无明显错误。客户的包装资料一般包括内包装、外包装、标签和产品说明书。

（1）内包装可分为白盒包装、彩盒包装和吸塑包装三种。

（2）外包装主要是指印刷唛头。

（3）标签主要是看客户规定哪些地方需贴标签，标签印刷要求是什么。

（4）产品说明书要按客户要求配备齐全。

（六）交货方式

交货方式主要有空运、海运、陆运、邮寄等，跟单员对交货方式的选择一般遵循如下原则：量少又较急的货物采用空运；量多而不急的货物一般采用海运，因为海运的费用相对较低。在接到订单时，跟单员首先要看费用由谁支付，若由客户支付，则由客户决定采用何种交货方式；若由己方承担运费，则尽量采用海运。若产品单价所含运费只是海运费，而客户要求空运时，可以要求客户承担多出部分的费用。

三、制作《订单审核表》，事半功倍

在审单过程中，为了使各条款清晰明了，跟单员可制作一份《订单审核表》，具体内容如表4-6所示。

表 4-6 订单审核表

订单号： 签约日期： 信用证开到地点：

买方地址	电话		传真
成交方式		价格术语	

品名及规格	单价	数量	金额

重量		溢短装比例	
包装要求			
唛头			
质量要求			

保险	保险金额
	保险险别

装运	装运期
	装运港　　　　　　　　　　　目的港
	装运方式□ 不可分批装运
	□ 可分批装运，可以分＿＿＿＿＿＿批，时间规定

商品检验	检验时间　　　　　地点　　　　　　机构
	是否要复验　　　复验时间　　　　　地点　　　机构
	检验内容
	检验项目
	检验证书要求

本订单有疑义的地方

1.

2.

3.

第四节　根据付款方式确认订单

经过整理、审核后的订单只是完成了初步确认工作，接下来还要根据付款方式确认订单。

一、收到信用证确认订单

信用证付款是外贸中最常用的一种付款方式，因此对于使用信用证付款的订单，在收到国外客户开来的信用证后才算真正确认订单。关于信用证催开、审核等内容将在下一章中详细讲解。

二、收到订金确认订单

订金付款是指买卖双方事先约定预付一定数额的订金。在此种情况下，卖方收到买方相应数额的订金后才算确认了订单。

当然，上述订单确认并不是绝对的。如果信用证或订金没有到位，跟单员可以下发订单，让生产部先计算用料，但必须书面通知采购部"所有物料采购等通知"，以免客户临时撤单对企业造成损失。

第五节　如何分发订单

确认无误后的订单要及时发放给相关部门，以便进行下一步的工作。通常来说，跟单员要将中文订单打印若干份，分发给生产部、品质部、业务部等部门，以方便其使用和参照。

跟单员具体发放订单时应做好以下工作。

（1）订单发放要及时。

（2）订单的最上面要显示发放范围，其标准格式为"发：张三（6）、李四（3）、王五（6）、赵六（5），共20份"。

（3）跟单员应在订单的右下角亲笔签名，而不能在电脑中打印出自己的姓名。

订单处理关键点

跟单员在处理各种订单时应把握以下要点。

◆ 订单翻译一定要准确无误。

◆ 订单翻译时应杜绝使用模糊语言，如"与上次一样"、"与去年一样"、"有关部门"等。

◆ 审核订单时一定要逐字逐句进行。

◆ 确认订单时，如发现与之前的约定不一致要立即通知客户，确定是否需要修改。

◆ 分发后的订单及其复印件应按照企业机密文件的相关要求保管。

第五章　信用证跟催与审核务必做好

第一节　信用证跟催与审核有哪些步骤

信用证是国际贸易中最常用的付款方式，其特点是受益人（通常为出口方）在提供了符合信用证规定的有关单证的前提下，开证行承担第一付款责任，其性质属于银行信用。

如果买卖双方约定采用信用证方式付款，跟单员要跟踪信用证的开立、寄送和审核，具体流程及要点说明如表 5-1 所示。

表 5-1　信用证跟催与审核流程及要点说明

流程	要点说明	备注
催开信用证	如果买方拖延开立信用证，跟单员必须及时催促	催开函应书写准确、得体
受理信用证通知	审核银行开具的信用证通知书	审核信用证编号，开证行、金额、有效期等
接收信用证	阅读信用证内容，并做好登记保管工作	将重点项目用笔标出，以便进行仔细审核
审证（无误 → 执行订单；有误）	认真审核信用证，确保其规定与订单内容一致	逐字逐句审核信用证
修改信用证	对于需要改正的项目，要申请对其进行修改	改证函应书写正确、清晰明了

第二节　如何催开信用证

在买方拖延开立信用证时，跟单员必须及时催促。特别是在大宗商品交易或应买方要求而特制的商品交易中，跟单员更应结合备货情况及时催促买方开立信用证。

一、在什么情况下应催开信用证

遇到以下情形时，跟单员应向买方发出函电提醒或催促其开立信用证。

（1）在合同规定的期限内，买方未及时开立信用证这一事实已构成违约，如卖方不希望中断交易，可在保留索赔权的前提下催促对方开立信用证。

（2）签约日期和履约日期相隔较远，跟单员应在合同规定开证日之前去信表示对该笔交易的重视，并提醒对方及时开立信用证。

（3）卖方货已备妥，并打算提前装运，可去信征求买方是否同意提前开立信用证。

（4）如买方资信欠佳，卖方可提前去信提示买方开立信用证，这将有利于督促买方履行合同义务。

二、催开函不要使用责怪或厌烦的口吻

跟单员在催促买方开立信用证时，一般要撰写催开函，并通过 E-mail 发送给买方。撰写催开函时用词、用句要得体，不要使用责怪或厌烦的口吻。

以下是常用的催开函语句示例。

（1）As the goods against your order No. 111 have been ready for shipment for quite some time, it is imperative that you take immediate action to have the covering credit established as soon as possible.

由于贵方订单第111号的货已备待运有相当长时间了，贵方必须立即行

动尽快开出信用证。

（2）We repeatedly requested you by faxes to expedite the opening of the relative letter of credit so that we might effect shipment for the above mentioned order，but after the lapse of 3 months，we have not yet received the covering L/C.

我们已经多次传真要求贵方从速开来有关信用证，以使我们装运上述订单货物。但是三个月过去了，仍未收到有关信用证。

（3）We hope that you will take commercial reputation into account in all seriousness and open L/C at once，otherwise you will be responsible for all the losses arising from there.

希望贵方认真考虑商业信誉，立即开立信用证；否则，由此产生的一切损失均由贵方承担。

（4）The shipment time for your order is approaching，but we have not yet received the covering L/C. Please do your utmost to expedite the same to reach here before the end of this month so that shipment may be effected without delay.

贵方订单的装船期已经临近，但我们尚未收到有关信用证，请尽最大努力从速将信用证在本月底前开到，以便及时装运。

第三节 如何受理信用证通知书

信用证通知书是由出口商委托银行开具的，主要列明信用证基本信息。跟单员在接到后首先要通读一遍，然后仔细审核。

一、信用证通知书受理的不同情况

根据公司是否拥有出口经营权，在具体受理信用证通知书时又略有不同。

（一）拥有出口经营权的公司受理信用证通知书

如果公司拥有出口经营权，可以让买方直接将信用证开到己方公司名下，那么己方公司的开户银行收到信用证后会通知己方，并把正本或复印件（一般是复印件，如无必要，正本建议留在银行保存）交给公司。

（二）通过代理公司出口受理信用证通知书

如果己方是通过代理公司出口，信用证开到代理公司名下，那么跟单员就要及时敦促代理公司相关人员去查询是否收到信用证，收到后让代理公司发送传真给己方。

在实际操作中，因为代理公司不熟悉本公司的客户，所以在交接上容易出现问题，如代理公司接到信用证却不知道是开给哪家公司的，很有可能导致延误，所以，一旦得知客户开立了信用证，跟单员就要马上把信用证名称、金额告诉代理公司，并盯紧进度。一般来说，从客户开证到己方收到信用证，快则一周，慢则十天。

二、信用证通知书是真的吗

跟随信用证一起交给己方公司的通常还有一页《信用证通知书》，主要列明了此份信用证的基本情况，如信用证编号、开证行、金额、有效期等，盖有公章。除了银行公章外，还会有个"印鉴相符"章或"印鉴不符，出货前请洽我行"的章。这是什么意思呢？因为目前信用证一般是通过电报传递的（通行的是SWIFT电传，一个专业的银行电信服务机构，有特定的编码格式），理论上有伪造的风险，冒充银行名义开信用证，因此银行间会预留密码和印鉴，以兹核对。不过现实生活中这种现象很少见，因为信用证能通过SWIFT开立，基本就是真实的，印鉴不符的原因恐怕多为交接操作问题。所以，当碰到"印鉴不符"的情况时也不必紧张，必要时咨询一下银行即可。

跟单员在受理信用证通知书时应重点查看以下内容。

（1）开证日期、信用证编号、金额、有效期、装运期。

（2）银行费用承担。

（3）信用证是否生效、印押是否相符、银行是否保兑。

（4）备注情形等。

三、信用证通知书审什么

跟单员应逐项审核信用证通知书的内容，具体的审核要点如表 5-2 所示。

表 5-2　信用证通知书的审核要点

序号	内容	审核要点
1	上方空白栏	审核信用证通知行的中英文名称、英文地址与传真号，判断是否是自己委托的银行
2	签章、业务编号、通知日期	审核通知行的签章、业务编号及通知日期是否正确
3	致	审核是否是指定的出口方
4	开证行	审核是否为进口方所在地银行
5	转递行	转递行负责将开证行开给出口方的信用证原件递交给出口方。信开信用证才有转递行；电开信用证则无转递行
6	信用证号	信用证的证号必须清楚、没有错误，前后应保持一致
7	开证日期	审核信用证是否注明开证日期，如果没有，则视开证行的发电日期（电开信用证）或抬头日期（信开信用证）为开证日期
8	信用证的币别和金额	审核信用证中规定的币别、金额是否与合同一致
9	有效期限	审核信用证是否规定明确期限，如果没有，银行将拒绝受理于装运日期后 21 天提交的单据
10	未付费用	审核未付费用是否填制清楚，未付费用即受益人尚未支付给通知行的费用
11	费用承担人	审核信用证各相关银行的银行费用是否明确规定由谁来承担
12	来证方式	审核信用证是信开方式（由开证行加盖信用证专用章和经办人名章并加编密押，寄送通知行）还是电开方式（由开证行加编密押，以电传方式发送通知行）

（续表）

序号	内容	审核要点
13	信用证是否生效	审核信用证是注明"生效"还是"暂不生效"
14	印押是否相符	应仔细审核印押是否相符，并标明"YES"或"NO"
15	是否需要保兑行	检查保兑行是否填制清楚，并标明"YES"或"NO"
16	审核通知行签章	仔细审核通知行签章、业务编号及通知日期
17	备注	检查备注是否已将相关事项解释清楚，并规定了所参考的国际惯例

第四节　如何接收信用证

一、及时填写信用证登记管理表

跟单员收到客户开立的信用证后要立即登记，以便查询和管理。跟单员可以设计一个管理表格，内容主要包括信用证编号、合同编号、开证行名称和地址、货物描述、信用证金额、货物交期及信用证有效期等，《信用证登记管理表》如表5-3所示。

表5-3　信用证登记管理表

序号	信用证编号	合同编号	开证行		货物描述	信用证金额	交期	有效期	备注
			名称	地址					

二、你会阅读信用证吗

跟单员在收到信用证后要马上阅读，阅读时可以用绿色荧光笔把重要部分，如日期、金额、单证项目等涂抹出来，这样可以一目了然，节省不少时间。

此外，跟单员还可以采用编号看证法，重点看信用证各个项目的编号，既直接又醒目。如 40A 条款看信用证类型、50 条款看客户名、59 条款看受益人、31D 条款看有效期限、44C 条款或 44D 条款看交货期等。

在实际工作中，跟单员还可以通过制作信用证分析表来对信用证各条款的内容有更清晰的了解，《信用证分析表》如表 5-4 所示。

表5-4　信用证分析表

1. 信用证文本格式　　□信开　　　　□电开　　　　□SWIFT

2. 信用证号码　＿＿＿＿＿＿＿＿＿＿＿＿＿＿＿＿＿＿

3. 通知银行编号　＿＿＿＿＿＿＿＿＿＿＿＿＿＿＿＿　□未注明

4. 开证日　＿＿＿＿＿＿＿＿＿＿＿＿＿＿＿＿＿＿

5. 到期日　＿＿＿＿＿＿＿＿＿＿＿＿＿＿＿＿＿＿

6. 到期地点　＿＿＿＿＿＿＿＿＿＿＿＿＿＿＿＿＿　□未注明

7. 付款方式　　　　□付款　　　　□承兑　　　　□议付

8. 货币　＿＿＿＿＿＿＿＿＿＿＿＿＿＿＿＿＿＿＿

9. 金额（具体数额）　＿＿＿＿＿＿＿＿＿＿＿＿＿＿＿

10. 最高限额规定（具体数额）　＿＿＿＿＿＿＿＿＿＿　□未注明

11. 金额允许增减幅度　＿＿＿＿＿＿＿＿＿＿＿＿＿＿　□未注明

12. 交单期（中文）　＿＿＿＿＿＿＿＿＿＿＿＿＿＿＿

13. 开证申请人（名称）　＿＿＿＿＿＿＿＿＿＿＿＿＿

14. 受益人（名称）　＿＿＿＿＿＿＿＿＿＿＿＿＿＿＿

15. 开证银行（名称）　＿＿＿＿＿＿＿＿＿＿＿＿＿＿

16. 通知银行（名称）　＿＿＿＿＿＿＿＿＿＿＿＿＿＿　□未注明

17. 议付银行（名称）　＿＿＿＿＿＿＿＿＿＿＿＿＿＿　□未注明

18. 付款/偿付银行（名称）_____ □未注明

19. 货物名称 _____

20. 合同/订单/形式发票号码 _____ □未注明

21. 合同/订单/形式发票日期 _____ □未注明

22. 价格/交货/贸易术语 _____ □未注明

23. 最迟装运日 _____

24. 装运港 _____

25. 目的港 _____

26. 分批装运　　　□允许　　　□不允许

27. 转运　　　　　□允许　　　□不允许

28. 运输标志　　　□未注明

29. 运输方式　　　□海运　　　□空运　　　□陆运

30. 向银行提交单据列表（用阿拉伯数字表示）

名称	汇票	发票	装箱单	重量单	尺码单	承运人证明	船公司证明	船程证明	受益人证明	寄单证明	装船通知
份数											
名称	海运提单	空运提单	产地证	贸促会产地证	普惠制产地证	商检证	官方商检证	商会商检证	保险单	投保通知	寄单快件收据
份数											

相关知识

跟单信用证组成项目

必选：20 DOCUMENTARY CREDIT NUMBER（信用证号码）。

可选：23 REFERENCE TO PRE- ADVICE（预先通知号码）。

如果信用证是采取预先通知的方式，该项目内应该填入"PREADV/"，再加上预先通知的编号或日期。

必选：27 SEQUENCE OF TOTAL（电文页次）。

可选：31C DATE OF ISSUE（开证日期）。

如果这项没有填，则开证日期为电文的发送日期。

必选：31D DATE AND PLACE OF EXPIRY（信用证有效期和有效地点）该日期为最后交单日期。

必选：32B CURRENCY CODE，AMOUNT（信用证结算的货币和金额）。

可选：39A PERCENTAGE CREDIT AMOUNT TOLERANCE（信用证金额上下浮动允许的最大范围）。该项目的表示方法较为特殊，数值表示百分比的数值，如5/5表示上下浮动最大为5%。

可选：39B MAXIMUM CREDIT AMOUNT（信用证最大限制金额）。

39B 与 39A 不能同时出现。

可选：39C ADDITIONAL AMOUNTS COVERED（额外金额），表示信用证所涉及的保险费、利息、运费等金额。

必选：40A FORM OF DOCUMENTARY CREDIT（跟单信用证形式）。跟单信用证有六种形式：IRREVOCABLE（不可撤销跟单信用证）；REVO-CABLE（可撤销跟单信用证）；IRREVOCABLE TRANSFERABLE（不可撤销可转让跟单信用证）；REVOCABLE TRANSFERABLE（可撤销可转让跟单信用证）；IRREVOCABLE STANDBY（不可撤销备用信用证）；REVOCABLE STANDBY（可撤销备用信用证）。

必选：41A AVAILABLE WITH…BY…（指定的有关银行及信用证兑付的方式）。

（1）指定银行付款、承兑、议付。

（2）兑付的方式有五种：BY PAYMENT（即期付款）、BY AC-CEPTANCE（远期承兑）、BY NEGOTIATION（议付）、BY DEFPAYMENT（迟期付款）、BY MIXED PAYMENT（混合付款）。

（3）如果是自由议付信用证，对该信用证的议付地点不做限制，该项目代号为41D，内容为 ANY BANK IN...

可选：42A DRAWEE（汇票付款人），必须与42C同时出现。

可选：42C DRAFTS AT...（汇票付款日期），必须与42A同时出现。

可选：42M MIXED PAYMENT DETAILS（混合付款条款）。

可选：42P DEFERRED PAYMENT DETAILS（迟期付款条款）。

可选：43P PARTIAL SHIPMENTS（分装条款），表示该信用证的货物是否可以分批装运。

可选：43T TRANSSHIPMENT（转运条款），表示该信用证是直接到达，还是通过转运到达。

可选：44A LOADING ON BOARD/DISPATCH/TAKING IN CHARGE AT/FORM（装船、发运和接收监管的地点）。

可选：44B FOR TRANSPORTATION TO...（货物发运的最终地）。

可选：44C LATEST DATE OF SHIPMENT（最后装船期），装船的最迟日期。

可选：44D SHIPMENT PERIOD（船期）。

44C与44D不能同时出现。

可选：45A DESCRIPTION OF GOODS AND/OR SERVICES（货物描述），指货物的情况、价格条款。

可选：46A DOCUMENTS REQUIRED（单据要求），写明各种单据的要求。

可选：47A ADDITIONAL CONDITIONS（特别条款）。

（续表）

可选：48 PERIOD FOR PRESENTATION（交单期限），表明开立运输单据后多少天内交单。

必选：49 CONFIRMATION INSTRUCTIONS（保兑指示）。保兑指示可分为以下三种情况：CONFIRM（要求保兑行保兑该信用证）；MAY ADD（收报行可以对该信用证加具保兑）；WITHOUT（不要求收报行保兑该信用证）。

必选：50 APPLICANT（信用证开证申请人），一般为进口商。

可选：51A APPLICANT BANK（信用证开证行）。

可选：53A REIMBURSEMENT BANK（偿付行）。

可选：57A "ADVISE THROUGH" BANK（通知行）。

必选：59 BENEFICIARY（信用证受益人），一般为出口商。

可选：71B CHARGES（费用情况），表明费用是否由受益人（出口商）支付，如果没有这一条，表示除了议付费、转让费以外，其他各种费用由开出信用证的申请人（进口商）支付。

可选：72 SENDER TO RECEIVER INFORMATION（附言）。

可选：78 INSTRUCTION TO THE PAYING/ACCEPTING/NEGOTIATING BANK（给付款行、承兑行、议付行的指示）。

三、信用证妥善保管，不可丢失

信用证正本是银行办理结汇的凭据，无论是交单结汇还是押汇，银行都要求出口方提供信用证正本。因此信用证正本十分重要，必须妥善保管，不可丢失。

妥善保管信用证需注意以下三点。

（1）所有信用证必须按不同客户分类保管。

（2）如果信用证有修改，要将修改书与原证一起保存。

（3）在某一信用证项下货物装运出口并制单结汇完毕后，要将正本与合同副本、留底单据副本以及来往函电装订成册存档。

第五节　如何审核信用证

在实际跟单业务中，由于各种原因，买方开来的信用证常出现与合同条款不符的情况，为了维护己方利益，确保收汇安全和合同顺利履行，跟单员应比照合同对客户开立的信用证进行认真核对和审查。

跟单员在审核信用证时要依据双方签订的合同与《跟单信用证统一惯例——2007 年修订本，国际商会第 600 号出版物》（以下简称为《UCP600》）来进行。

一、信用证通常会出现哪些问题

信用证审核主要是基于常见的问题，跟单员对此要有所了解，从而有针对性地做好审核工作。表 5-5 对信用证常见问题进行了简要说明。

表 5-5　信用证常见问题

序号	项目	常见问题
1	信用证的性质	（1）信用证未生效或有限制性生效条款 （2）信用证为可撤销信用证 （3）信开信用证中没有保证付款的责任条款 （4）信用证内漏列适用国际商会 UCP 规则的条款 （5）信用证未按合同要求加保兑 （6）信用证密押不符

（续表）

序号	项目	常见问题
2	信用证期限	（1）信用证中没有到期日（有效期） （2）到期地点在国外 （3）信用证的到期日和装运期有矛盾 （4）装运期、到期日或交单期规定与合同不符 （5）装运期或有效期规定与交单期矛盾 （6）交单期过短
3	信用证当事人	（1）开证申请人公司名称或地址与合同不符 （2）受益人公司名称或地址与合同不符
4	金额、货币币种	（1）信用证金额不够（不符合合同规定、未达到溢短装要求） （2）金额大小写不一致 （3）信用证货币币种与合同规定不符
5	汇票	（1）付款期限与合同规定不符 （2）没有将开证行作为汇票的付款人
6	分批和转运	（1）分批规定与合同规定不符 （2）转运规定与合同规定不符 （3）转运港口与合同规定或成交条件不符 （4）目的地与合同规定或成交条件不符 （5）转运期限与合同规定不符
7	货物	（1）货物品名、规格不符 （2）货物数量不符 （3）货物包装有误

（续表）

序号	项目	常见问题
7	货物	（4）价格术语错误 （5）价格术语与信用证条款有矛盾 （6）货物单价乘以数量与货物总金额不符 （7）信用证中援引的合同号码与日期错误 （8）漏列溢短装规定
8	单据	（1）发票种类不当 （2）商业发票要求领事签证 （3）提单收货人一栏的填制不当 （4）提单抬头和背书要求有矛盾 （5）提单运费条款规定与成交条件矛盾 （6）正本提单全部或部分直寄客户 （7）产地证明出具机构有误（国外机构或无授权机构） （8）漏列必须提交的单据（如 CIF 成交条件下的保险单） （9）费用条款规定不合理 （10）运输工具限制过严 （11）要求提交的检验证书种类与实际不符 （12）保险单种类不对 （13）保险险别范围与合同规定不一致 （14）投保金额不符合合同规定

二、信用证审核要点

审核信用证主要从信用证本身及具体条款进行，审核要点如表 5-6 所示。

表5-6　信用证审核要点

项目		要点
信用证本身	信用证性质	(1) 审核信用证是否不可撤销 (2) 审核信用证是否存在限制性生效及其他保留条款 (3) 审核电开信用证是否为简电信用证 (4) 审核信用证是否申明所遵守的国际惯例规则 (5) 审核信用证是否按合同要求加保兑
	信用证受益人和开证人	特别注意信用证上的受益人名称和地址应与公司名称和地址一致，买方公司名称和地址的写法应完全正确
	到期日和到期地点	(1) 信用证到期日应该符合买卖合同的规定，一般为货物装运后15天或者21天 (2) 到期地点一定要规定在出口商所在地，以便做到及时交单
	信用证内容	审核信用证内容是否完整以及是否与合同规定一致 (1) 如果信用证是以电传或电报拍发给通知行即"电信送达"，应核实电文内容是否完整 (2) 审核信用证中有无矛盾之处，如明明是空运却要求提供海运提单等
	通知方式	审核信用证的通知方式是否安全、可靠。信用证一般是通过受益人所在国家或地区的通知/保兑行通知受益人的。遇到下列情况跟单员应特别注意 (1) 信用证是直接从海外寄来的，跟单员应小心查明它的来历 (2) 信用证是从本地某个地址寄出，要求己方把货运单据寄往海外银行，跟单员应首先通过银行调查核实

（续表）

项目		要点
专项审核	付款期限	检查付款期限是否与合同一致，主要包括以下几点 （1）信用证中若规定有关款项须在向银行交单后若干天内或见票后若干天内付款等情况，跟单员应检查此类付款时间是否符合合同规定或公司要求 （2）信用证在国外到期 　①当规定信用证国外到期时，有关单据必须寄到国外，由于己方无法掌握单据到达国外银行所需的时间，容易延误或丢失，有一定的风险。所以，信用证通常要求在国内交单付款 　②在付款期限来不及修改的情况下，己方必须提前一个邮程（邮程的长短应根据地区远近而定），以最快方式寄送相关单据 （3）如信用证中的装期和有效期是同一天，即通常所称的"双到期"，跟单员在实际业务操作中应将装期提前一定的时间（一般在有效期前10天），以便有合理的时间来制单结汇
	信用证的金额、币种	检查信用证金额、币种是否符合合同规定，主要包括以下几点 （1）信用证金额书写是否正确 （2）信用证金额应该与事先协商的相一致 （3）信用证中的单价与总值要准确，大小写内容要一致 （4）如数量上可以有一定幅度的变动，那么，信用证也应规定在支付金额时有一定幅度 （5）如果在金额前使用了"大约"一词，其意思是允许金额有10%的变动 （6）检查币种是否正确

（续表）

项目		要点
专项 审核	货物数量	检查货物数量是否与合同规定相一致，主要包括以下几点 （1）除非信用证规定数量不得有增减，那么，在付款金额不超过信用证金额的情况下，货物数量可以允许有5%的增减 （2）以上提到的货物数量可以有5%增减的规定一般适用于大宗货物，对于以包装单位或以个体为计量单位的货物不适用
	价格条款	检查信用证的价格条款是否符合合同规定
	装货期	检查信用证装货期规定是否符合要求，超过信用证规定装货期的运输单据将构成不符点，银行有权拒付。检查信用证规定的装货期应注意以下事项 （1）考虑能否在信用证规定的装货期内备妥有关货物并按期出运，如来证收到时距离装货期太近，无法按期装运，应及时与客户联系修改信用证 （2）实际装货期与交单期时间不能相距太短 （3）如果信用证中规定了分批装运的时间和数量，应注意能否办到，否则任何一批货物未按期出运，以后各期即告失效
	装运项目	（1）检查货物是否允许分批出运。除信用证另有规定外，货物是允许分批付运的。如果信用证中规定了每一批货物出运的确切时间，则必须按此办理；如不能办理，则必须要求客户修改信用证 （2）检查货物是否允许转运。除信用证另有规定外，货物是允许转运的

（续表）

	项目	要点
专项审核	单据项目	要注意单据由谁出具、能否出具、信用证对单据是否有特殊要求、单据的规定是否与合同条款一致等
	费用条款	（1）信用证中规定的有关费用（如运费或检验费等），已方应事先与客户协商一致；否则，对于额外的费用原则上不承担 （2）银行费用如事先未商定，应以双方共同承担为宜
	信用证的文件	检查信用证规定的文件能否及时提供，主要包括以下几点 （1）检查一些需要认证的特别是需要使馆认证的单据能否及时办理和提供 （2）检查由其他机构或部门出具的有关文件，如出口许可证、运费收据、检验证明等能否及时提供 （3）信用证中指定的船龄、船籍、船公司或不准在某港口转船等条款能否办到
	陷阱条款	跟单员要特别注意下列信用证条款具有很大的风险 （1）1/3 正本提单直接寄送给客户的条款。如果接受此条款，出口商将随时面临货款两空的风险 （2）将客检证作为议付文件的条款。接受此条款，出口商正常处理信用证业务的主动权会很大程度地掌握在客户手里，影响安全收汇
	对信用证批注的审核	跟单员对信用证上用铅字印好的文句内容和规定，特别是信用证空白处、边缘处加注的打字、缮写或橡皮戳记加注字句应特别注意
	信用证是否受约束	明确信用证受国际商会《UCP600》的约束可以使已方在具体处理信用证业务中有一个公认的标准，从而避免交易双方因对某一规定的不同理解而产生争议

第六节　如何区分信用证软条款以避免纠纷

信用证软条款是指不可撤销信用证中规定有信用证附加条件生效的条款，信用证软条款是附加的一种条款，跟单员要注意区分信用证软条款和硬条款，以避免出现纠纷。

一、什么是信用证软条款

信用证软条款是指开证人在申请开立信用证时，故意设置若干隐蔽性的"陷阱"条款，如附加生效条件的条款，或者条款规定单据的取得需要进口商的配合，以便进口商掌握贸易主动权，但这样会导致出口商面临交单不符的风险。

常见的信用证软条款有以下几种类型。

（1）不生效信用证，待进口许可证签发后通知生效或待货样经开证人确认后通知信用证生效。

（2）船公司、船名、目的港、起运港或验货人、装船日期须待开证人通知或征得开证人同意，开证行将以修改书的形式另行通知。

（3）货到目的港后须通过进口商检验，进口商才履行付款责任。

（4）指定受益人必须提交国外检验机构出具的检验证书或由申请人指定代表出具的证书等，此类欺诈常发生于采用 CFR、CIF 贸易方式签订的合同。

在这里需要注意的是，并不是具有上述条款的信用证都是软条款信用证。

二、信用证软条款和硬条款有何区别

信用证的软条款是指一些需要提供给议付行的单据上要有开证申请人指派的人签字的单据，如果货物已经装船，还未拿到指派签字的单据，就无法满足信用证上的条款要求。

信用证的硬条款是指开证行硬性要求必须满足的交单条款，如发票、提单、装箱单、商检证（法检商品）、汇票等。

跟单员在审核信用证时，一定要注意区分是否存在软条款，发现不利于己方的要求时，要及时通知对方修改信用证。

第七节　如何修改信用证

跟单员在审核信用证时，凡发现不符合我国外贸政策、影响合同履行和安全收汇的内容，必须要求客户通过其开证行进行修改，并坚持在收到银行修改通知书并审核后才能对外发货，以免造成被动和经济损失。

一、信用证修改情形分清了吗

跟单员发现信用证有任何遗漏或差错，要按以下要求立即作出决定，采取必要的措施。

（1）不修改信用证，而是考虑能否更改计划或单据内容，使之符合信用证要求。

（2）一旦发现必须进行修改的项目，跟单员应及时采取相应措施向客户提出修改申请。

信用证常见的修改与不必须修改的情形，如表5-7所示。

表5-7　信用证的修改情形

类别	内容	原因
需要修改信用证的情形	来证标明是"REVOCABLE"（可撤销的）信用证	根据《UCP600》的规定，受益人只能接受不可撤销的信用证，否则收汇无保障
	受益人及开证人名称或地址有严重错误	受益人及开证人名称地址如果与合同不符会影响合同的履行，所以必须进行修改

（续表）

类别	内容	原因
需要修改信用证的情形	信用证内容与合同不符	信用证的内容与合同不符将会造成单证不符，对方可能拒付货款，所以必须修改。这些不符情况具体表现如下 （1）来证所列商品名称、规格型号、单价或作价方法、包装、唛头等内容与合同明显不符 （2）来证金额不足或使用币种与合同规定不符 （3）来证所用价格术语与合同不符 （4）若合同使用的价格术语为CFR，但来证却要求受益人办理保险 （5）来证规定的装运港、目的港与合同不符 （6）来证所列的保险条款、商检方法等与合同不符
	其他要求改证的情形	如果来证的装船期距离有效期太短或我方收到来证后估计所余时间不够备货订舱和调运货物，必须改证，否则我方将不能如期履行合同，造成违约
		来证有效到期地点不是在受益人所在国的，必须改证，因为这样的条款对受益人非常不利
		来证所列的特别条款属于"软条款"，即"陷阱"条款，这样会对我方非常不利，存在很大交易风险，所以必须改证
		由于货源或船期等出现问题，或者由于市场销售情况发生变化，发生无法按期装货的情形，须要求将信用证展期
		如果要求改变投保险别和装运条件等，不管是哪一方提出的，必须改证，否则会造成单据不符，无法结汇

（续表）

类别	内容	原因
可以不修改信用证的情形	字母、单词的拼写错误	因为一般的拼写错误不会造成信用证当事人对重要信息的误解或不同解释
	未显示允许分批装运和转运	根据《UCP600》的规定，除非信用证另有规定，允许分批装运和转运，所以未显示这一条款可以不改证
	未规定交单期限	根据《UCP600》的规定，如未规定交单期限，银行将不接受晚于装运日 21 天后提交的单据，所以未规定交单期限并不会对合同执行有影响，因而不必改证
	信用证的延迟生效	如果来证有"本证暂未生效"、"本证须在开证申请人获得进口许可证后方始生效"之类条款的，不必改证，可把来证放入"待生效"卷宗内，待对方通知生效后再使用
	装运数量不符	可以只修改单证，在制单时数量照写（但要在后面括号内注明实际装运数量），不影响结汇

相关知识

信用证修改（MT707）常见项目

必选：20 SENDER SREFERENCE（信用证号码）。

必选：21 RECEIVER SREFERENCE（收报行编号），发电文的银行不知道收报行的编号，填写"NONREF"。

可选：23 ISSUING BANK SREFERENCE（开证行号码）。

可选：26 E NUMBER OF AMENDMENT（修改次数）。

可选：30 DATE OF AMENDMENT（修改日期），如果信用证修改没填这项，修改日期就是发报日期。

可选：31C DATE OF ISSUE（开证日期），如果这项没有填，则开证日期为电文的发送日期。

可选：31E NEW DATE OF EXPIRY（信用证新的有效期），信用证修改的有效期。

可选：32B INCREASE OF DOCUMENTARY CREDIT AMOUNT（信用证金额的增加）。

可选：33B DECREASE OF DOCUMENTARY CREDIT AMOUNT（信用证金额的减少）。

可选：34B NEW DOCUMENTARY CREDIT AMOUNT AFTER AMENDMENT（信用证修改后的金额）。

可选：39A PERCENTAGE CREDIT AMOUNT TOLERANCE（信用证金额上下浮动允许的最大范围的修改）。该项目的表示方法较为特殊，数值表示百分比的数值，如5/5表示上下浮动最大为5%。

可选：39B MAXIMUM CREDIT AMOUNT（信用证最大限制金额的修改），39B与39A不能同时出现。

可选：39C ADDITIONAL AMOUNTS COVERED（额外金额的修改），表示信用证所涉及的保险费、利息、运费等金额的修改。

（续表）

可选：44A LOADINGONBOARD/DISPATCH/TAKINGINCHARGEAT/FORM

（装船、发运和接收监管地点的修改）。

可选：44B FORTRANSPORTATIONTO… （货物发运最终目的地的修改）。

可选：44C LATESTDATEOFSHIPMENT（最后装船期的修改）。修改装船

的最迟日期。

可选：44D SHIPMENTPERIOD（装船期的修改）。

44C 与 44D 不能同时出现。

可选：51A APPLICANTBANK（信用证开证的银行）。

必选：59 BENEFICIARY（BEFORETHISAMENDMENT）（信用证的受益

人）。该项目为原信用证受益人，如果要修改信用证受益人，则需

要在 79NARRATIVE（修改详述）中写明。

可选：72 SENDERTORECEIVERINFORMATION（附言）。

/BENCON/：要求收报行通知发报行受益人是否接受该信用证的

修改。

/PHONBEN/：请电话通知受益人（列出受益人的电话号码）。

/TELEBEN/：用快捷有效的电信方式通知受益人。

可选：78NARRATIVE（修改详述），详细的修改内容。

二、请求修改要注意哪些事项

跟单员在请求修改信用证时应注意以下事项。

（1）凡是需要修改的内容应一次性向对方提出，避免多次修改信用证。

（2）对不可撤销信用证中任何条款的修改都必须取得当事人的同意后

才能生效。

（3）对信用证修改内容的接受或拒绝应以明确的通知或实际行动来表示。

（4）收到信用证修改后应及时检查修改内容是否符合要求，并视具体情况表示接受或重新提出修改意见。

（5）对于修改内容要么全部接受，要么全部拒绝。

（6）信用证修改必须通过原信用证通知行才是真实、有效的，客户直接寄送的修改申请书或修改书复印件不是有效的修改。

（7）要明确修改费用由哪一方来承担。修改费用一般按照责任归属来确定由哪一方来承担。

三、怎样拟写改证函

要求客户修改信用证，跟单员要做的一项重要工作就是拟写改证函。一份规范的改证函主要包括以下三方面内容。

（1）感谢对方开来信用证。

（2）列明不符点并说明如何修改。

（3）感谢对方合作，并希望信用证修改书早日开到。

第八节　如何处理信用证不符点

信用证不符点是指在对外贸易过程中，银行给卖方开出信用证，卖方没有按照信用证的要求出具单据，一旦卖方的单证与信用证有不相符合的地方，即使一个字母或一个标点符号与信用证不相符合，都记为一处不符点。

一、信用证不符点是怎么产生的

信用证不符点产生的原因是多方面的，主要包括以下几点。

（一）信用证含有软条款

软条款可能导致出口商无法执行信用证，或不能获得信用证项下要求的单据，如信用证规定要提供由开证申请人或其代表签字的检验证，而申请人既不验货又不出具相关证书，则出口商无法提交此单据，不符点因此产生。

（二）信用证本身有含糊点或自相矛盾

这主要是开证行在开出信用证时考虑不周全或由开证申请人的疏忽或故意导致，如信用证要求全套正本提单。

（三）信用证修改

这类不符点的产生经常是由于开证行疏漏和受益人忽略对修改内容以外条款的审查引起的。如信用证将"提单"修改为"空运单"，而受益人证明未将相关的邮寄"提单"改成邮寄"空运单"。

一般来讲，信用证条款之间是相互关联的，若只改其中一项条款而对其他条款不作修正，可能会导致信用证实际无法执行，形成单证不符而遭国外开证行拒付。

（四）对银行的过分信赖

对银行的过分信赖有时也是形成信用证不符点的一个原因。许多出口公司因自身管理问题，往往对单据的制作和审核没有给予足够重视，而是完全仰赖于银行，从而导致不符点无法及时发现和修正。

二、规避信用证不符点要注意的问题

（一）熟悉信用证相关规则

跟单员只有熟悉信用证的操作流程及相关规则，才能有针对性地对信用证进行审核，才能了解应重点规避的问题。

（二）了解信用证开证行及客户的资信状况

尽管信用证是基于银行信用的结算方式，但银行信用也分不同的等级。一些信用等级不高的银行可能会与不法进口商沆瀣一气，做出损害出口商的事情。因此，跟单员要通过卖方银行了解开证行的信用等级，以便采取相应措施。

（三）明确信用证不符点的结算条款

出口企业在签订外贸合同时需要明确信用证不符点的结算条款。比如应对开证行、信用证金额、信用证种类、信用证开到卖方的最迟时间等事项做出明确规定，以避免日后买方在申请开证时随意加列一些有损卖方利益的要求。

（四）要求客户提供开证申请书的副本

跟单员要求客户提供开证申请书副本的目的在于让己方事先确认信用证条款，这是避免日后出现信用证不符点的一种行之有效的办法。

（五）仔细审查信用证不符点

跟单员在收到信用证后要认真审核信用证，审核信用证的目的在于确定信用证规定的付款条件是否超出合同的约定，己方能否能满足这些条件，否则就应要求对方改证。

（六）制单并严格审查信用证不符点

跟单员在制定单据时，需要做到正确、完整、及时、简明、整洁，并在交单前仔细审核全套单据，以确保单货相符、单证相符、单单一致。

 信用证跟催与审核关键点

跟单员在催开、接收、审核信用证时应把握以下要点。

◆ 催开信用证时要及时将催开函发送给客户。如果没有回音，可以发第二封催开函。

◆ 在检查信用证通知书时应注意查看银行公章和印鉴。如有不符要立即通知银行，要求进行核对。

◆ 各信用证业务绝不能混淆，要采取一证一表的方式进行登记管理。

◆ 阅读信用证时应对重点项目做好标记。

◆ 信用证如果进行了修改，要将正本与修改书一起存放以备查。

◆ 审核信用证时一定要仔细，要确保信用证与合同的相关规定完全相符。

◆ 在审核信用证时，如果信用证条款规定比合同条款严格，应作为信用证中存在的问题提出修改。反之，可以不要求修改。

◆ 对于信用证修改的内容不允许部分接受，部分接受将被视为拒绝修改的通知。

◆ 信用证修改或撤销时必须经过开证行、保兑行（如有的话）及受益人同意。

第六章　备货跟单，生产交货

第一节　备货跟单有哪些步骤

订单确认后，跟单员接下来的工作就是着手安排生产，以保证产品按期交货。

备货跟单的具体流程及要点说明如表6-1所示。

表6-1　备货跟单流程及要点说明

事项	要点说明	备注
安排生产	及时将客户的订单转化为具体的生产通知单	如果是外贸公司，就要积极寻找合格的生产厂商，并与之签订供货合同
生产进度跟踪	要掌握商品具体的生产进度，及时处理异常情况	生产必须在交期之前完成
生产物料跟催	保证生产所需物料及时供应	如果客户要求用其物料，对客户的供料一定要跟紧
跟进产品质量	严把产品质量关，并进行现场巡视	
交货期跟踪	要根据生产进度估算能否保证交货期	生产进度有延误时，要与生产部门、客户积极沟通解决

（"生产进度跟踪""生产物料跟催""跟进产品质量"可同时进行）

第二节　如何安排生产

安排生产分两种情况：一是公司有自己的实体工厂可以生产货物；二是直接向生产厂家下单订货。

一、公司自己有工厂，如何安排生产

订单确认后，跟单员要根据与客户所签订的合同，将订单转化为《生产通知单》。

跟单员在将客户订单转化为《生产通知单》时，必须明确客户订单中的产品名称、规格、型号、数量、包装要求、出货时间，并且在转化过程中各项信息不得有差错，客户有特别要求的，更要在《生产通知单》上注明。只有这些资料明确，各相关部门才能凭此安排备料生产，做好生产计划。《生产通知单》如表6-2所示。

表6-2　生产通知单

编号：

订单编号			生产批量		
验货日期			交货期		
一、生产项目总览表					
序号	名称	规格	颜色	条形码	……	数量（套）	箱数	包装要求
合计						
二、生产特别要求						
三、附件						

制表人：　　　　　　　　　　　　　　　　审核人：

《生产通知单》打印后要交给主管或经理确认，签字后下发到生产部。如有可能，在每次下发《生产通知单》时可请求上司召集相关部门主管开会，由负责此订单的跟单员向其他部门详细讲解订单要求，做到每张订单的相关生产人员都能充分了解。如果相关人员对《生产通知单》上的内容有异议或疑惑，跟单员要及时解释清楚，以免给实际生产带来困难。

二、如何与生产厂家签订供货合同

如果跟单员所在的是外贸公司，没有自己的生产厂，那就要积极寻找生产厂家，并与之签订供货合同，并做好生产跟催工作。供货合同是规定双方权利和义务的文件，是日后纠纷处理的依据。跟单员必须对供货合同的内容进行仔细确认，在确保无误、无歧义后才能签字。表6-3简要说明了供货合同的填制要点。

表6-3 供货合同的填制要点

序号	主要内容	具体说明
1	合同信息	合同编号、签订日期和地点都应准确填写
2	合同双方基本信息	定做方与承揽方的名称、地址、代理人、联系方式等必备信息都必须详细填写，不能简写
3	产品信息	定做产品的名称、规格、单位、尺寸、数量、单价、总额等都要尽量详细描述，产品数量必须与出口合同和信用证规定相符
4	产品用料	将产品用料规定清楚，是定做方供料还是承揽方供料
5	质量验收	详细规定对产品的质量要求、工艺标准、验收要求等
6	交货日期	交货日期一定要与出口合同和信用证的规定日期衔接好，而且要预留一定的时间，以便出口商有时间办理商检、报关等手续

（续表）

序号	主要内容	具体说明
7	交货地点	一般要求厂家负责将货物送至买方指定的港口，在此以前发生的包装费、国内运费等各项杂费由厂家承担
8	包装	在合同中要对包装材料、包装重量及包装方法予以约定，既要保护产品完好顺利运输，又要与信用证和合同要求相符
9	运输标志	运输标志应符合出口合同和信用证的规定要求，如相关文件中未做具体规定，跟单员应自行编制，一般采取"出口合同号+目的港"的形式

以下内容是一份加工定做合同范本，以供参考。

加工定做合同

定做方：　　　　　　　　　　　合同编号：

承揽方：　　　　　　　　　　　签订地点：

签订时间：　　　年　　月　　日

一、品名或项目、规格型号、计量单位、数量、单价、总金额、交货期限

定做物品名或项目	规格型号	计量单位	数量	价款或酬金		交货期限
				单价	总金额	

二、定做方带料

材料名称	规格型号	计量单位	数量	质量	提供日期	消耗定额	单价	总金额

三、质量要求、技术标准

四、承揽方对质量负责的条件及期限

五、技术资料、图纸提供办法及保密要求

六、验收标准、方法和期限

七、包装要求及费用负担

八、交（提）货方式及地点

九、交付预付款数额及时间

十、结算方式及期限

十一、违约责任

十二、如需提供担保，另立合同担保书，作为本合同附件

十三、解决合同纠纷的方式

十四、双方协商的其他条款

（续表）

定做方	承揽方	
单位名称（章）	单位名称（章）	鉴（公）证意见：
单位地址：	单位地址：	
法定代表人：	法定代表人：	经办人：
委托代理人：	委托代理人：	鉴（公）证机关（章）
电　话：	电　话：	年　月　日
电报挂号：	电报挂号：	（注：除国家另有规定外，
开户银行：	开户银行：	鉴（公）证实行自愿原
账　号：	账　号：	则）
邮政编码：	邮政编码：	

有效期限：　　年　月　日至　　年　月　日

第三节　如何跟踪生产进度

为了使订单产品能保质、保量、保期地出货，跟单员必须重点跟进产品的生产进度，具体的跟踪事项如图6-1所示。

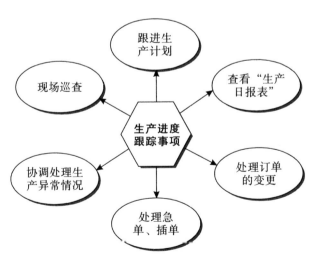

图6-1　生产进度跟踪事项

一、如何跟进生产计划

将《生产通知单》下发后，跟单员要协助生产部将《生产通知单》转化为具体的生产计划，并要求生产部提供具体的《生产进度安排表》（如表6-4所示），依据该表对生产进行全面跟踪。

表6-4　生产进度安排表

订单号：

序号	产品型号	订单数量	拟生产日期	实际完成日期

制表人：　　　　　　　　　　　　　审批人：

二、生产现场巡查要确保质量

为了更好地跟踪生产进度，跟单员要亲自到生产现场巡查，以确保生产过程按计划和要求进行。通常而言，跟单员现场巡查要做好以下工作。

（1）按照产品生产过程的流程次序（工序）巡查，在巡查过程中要注意对各个生产环节进行巡视。

（2）在现场巡查时要多看少动、多听少问、多记少说、多征求意见少发表观点，尤其要与一线的生产人员进行适当交流，了解生产的实际进度和可能存在的问题。

（3）与各班组长沟通交流，确保各班组的生产顺利进行。如果有异常问题，还应及时与车间主管沟通解决。

三、查看《生产日报表》，了解生产真实情况

《生产日报表》是一种直接反映生产结果的报表，生产部门一般会用企业规定格式的《生产日报表》进行总结并报告。跟单员通过《生产日报表》可以了解每天完成的成品数量、不良品数量，或者生产到哪一工序，从而掌握具体的订单产品生产进度，以确保准时交货。《生产日报表》及《生产情况跟踪表》如表6-5、表6-6所示。

表6-5　生产日报表

日期：　　　　　　　　　　　　　　　　　　　　作业人员：

产品名称	产品编号	型号规格	工序	当日产量	当日不良品数	累计产量	累计不良品数	备注

表6-6　生产情况跟踪表

客户名称：　　　　　　　　　　　　　　　　　　下单日期：

生产安排日期：

产品型号规格	订单数	指定完工日期	实际生产					
			日期	生产数	累计	日期	生产数	累计

四、生产出现异常，要协助解决

生产异常是指造成生产现场停工或生产进度延迟的情况。生产异常问题主要表现在两个方面：生产进度落后和发生生产事故。这时，跟单员需要主动地进行协助处理，尽量消除生产异常对交货的影响。

跟单员解决生产异常需做好以下三项工作。

（1）及时赶到生产现场，配合现场主管调查造成生产异常的具体原因。

（2）分析异常情况对生产可能造成的影响，判断是否会影响生产进度、影响程度如何。

（3）根据最终的生产异常情况做出下一步的跟单安排，包括跟踪进度的频次、相关部门协调、督促执行改进措施等。

五、订单有变更，及时处理了吗

客户所下订单不可避免地会发生临时更改的情况。一般来说，客户更改订单主要是更改数量、结构、包装要求等。跟单员接到客户更改订单的通知时，要马上放下手头的工作，第一时间处理订单更改，如若耽误，有可能造成很大的损失。例如，产品的结构有变化，跟单员若不及时通知相关部门，待出货时再返工成本会很高，有的甚至使生产出来的产品不能交货，成为废品。

（一）确认更改

跟单员收到客户的订单更改通知后，首先应确认订单更改的内容是什么、工厂能否接受、工厂现有生产条件能否满足。如果是工厂不能完成的订单更改，则要同客户协商采用其他方法或本批货暂不更改。

（二）书面通知相关部门

如果是工厂可以完成的订单更改，跟单员应第一时间采用书面形式把订单更改内容通知相关部门，特别是生产部。

（1）《订货通知单》发出后，如客户临时有数量、交期或技术方面的更改要求，跟单员应另行填写《订货变更通知单》（如表6-7所示），并分发到各相关部门。

表6-7 订货变更通知单

客户		订单批号		订货通知单号码	
变更原因说明					
项目	变更前		变更后		备注
产品名称					
规格/型号					
单位					
订货数量					
交期					
其他					
说明					
核准人		审核人		填单人	

（2）变更后的《订货通知单》应加盖《已修订》字样，并标记原《订货通知单》的号码，在分发新单的同时回收旧单，以免混淆。

（3）在《订货通知单》发出后，如客户取消订单，则应发出《订货变更通知单》，通知各部门订单取消的信息，并回收原发出的《订货通知单》。

（4）如果客户修改订货的产品型号、规格，则视同原订单变更，依订单变更流程处理。

六、急单、插单，慎重处理

在实际生产活动中经常会出现急单与插单，这很容易打乱生产计划，严重影响整体生产进度。出现了急单或插单后，跟单员要在第一时间拿到具体订单，并配合生产部做好以下工作。

(1) 如不能插单，应向客户及业务部门解释和通报生产状况，力争取得其谅解。

(2) 对于必须接下的急单（如大单、重要客户订单），要及时与采购、仓储部门就物料供应问题达成一致，以保证物料供应及时。

(3) 应配合生产部及时进行工作时间调整，正确安排加班，适时采用轮班制。

(4) 生产车间、班组无法解决的困难要及时报告上司，以取得支持。

第四节　如何跟催生产物料

物料及时送达与否与订单产品的交期有很大关系。跟单员必须跟进仓储部门的发料以及采购部门的进料，以免因物料迟延或质量不好而影响生产计划。

一、物料采购要跟催源头

当产品所需生产物料短缺时，跟单员必须及时通知采购人员进行采购，并做好后期跟踪工作。跟单员跟催生产物料要点如下。

(1) 仔细审核生产人员填制的请购单，确认无误后交采购人员。

(2) 随时与采购人员联系，确保物料购入及时。

(3) 进料验收时注意跟踪物料的质量，确保用于生产的物料符合质量要求。

跟单员可设计《采购物料跟催表》对跟催物料工作进行总结，具体内容如表6-8所示。

表6-8　采购物料跟催表

物料名称	规格	订购日期	订购量	实际入厂		供应商	备注
				数量	日期		

二、订单的材料耗用数量准确吗

跟单员应根据下发的《生产通知单》制作《材料耗用明细表》（如表6-9所示），表中一定要列出整张订单所用的全部材料，不得漏列、误列、多列，否则会给相关部门备料、生产造成麻烦，或者增加库存，甚至造成企业经济损失。

表6-9　材料耗用明细表

编号：

订单号			生产通知单			数量		
编号	产品名称	型号/规格	耗用材料名称	单位	所需用量	仓库存量	订购数量	备注

三、客户供料按时到货了吗

有些客户要求工厂使用自己提供的物料，如彩盒、说明书和贴纸等。在这种情况下，跟单员对客户的供料一定要跟紧。

跟单员收到客户寄来的物料后需开立一张《客户供料通知单》，交仓库主管点数、品质主管验收。《客户供料通知单》包括以下内容：客户名、订单号、数量、交货方式、制损要求、客户检验报告、客户检验规范和检测仪器等，如表6-10所示。

表6-10　客户供料通知单

制表人：　　　　　　　　　　　　　　　　　　　　　　日期：

客户名		订单号		数量	
品名		交货日期			
交货方式					
制损要求					
客户检验报告					
客户检验规范					
检测仪器					
备注					

当品质主管提出物料有异常时，跟单员需填写《客户供料异常处理单》（如表 6-11 所示），并发送给客户处理。

表 6-11　客户供料异常处理单

编号：

□特急件　　□急件　　□一般件

名称		规格		数量	
异常内容					
异常处理					
客户回文处理					
备注： 1. 特急件请客户 2 小时内回复。 2. 急件请客户 8 小时内回复。 3. 一般件请客户 24 小时内回复。					

第五节　如何跟进产品质量

保证产品质量是极为重要的工作，跟单员必须做好产品质量跟踪管理，保证最终的产品质量符合客户要求。

一、如何传达质量要求

跟单员接到客户订单时要认真阅读产品审核质量条款，全面了解客户的质量要求，并把客户的质量要求写到《生产通知单》上，作为产品生产制造的标准及厂内检验的标准。

如果交易是凭样品交货，则要管理好样品，将样品送交生产制造部门，要求他们严格按照样品进行生产。

跟单员在跟单过程中经常会听到客户这样抱怨："样品做得很好，大批量货物却不够好。"从而造成客户不信任，影响以后的订单。为克服此类问题，跟单员需要关注样品与大批量货物之间的"三个一致"，具体说明如图6-2所示。

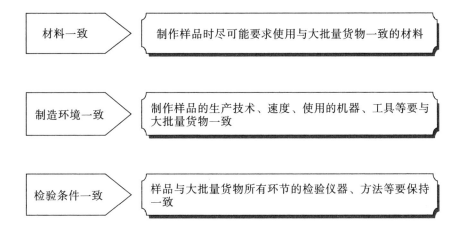

图6-2　样品与大批量货物的"三个一致"

二、做好现场巡视

为了确保产品质量，跟单员要了解产品的哪些环节容易出现质量问题，并经常到生产车间巡视，进行有针对性的监控。一般而言，生产现场巡视要注意如图6-3所示的四大重点环节。

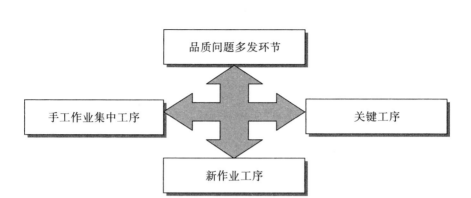

图6-3　现场巡视重点环节

（一）品质问题多发环节

在产品生产过程中一般都存在着一个或几个品质问题多发环节。这个环节可能是某台设备经常出现问题或产生较大的加工误差；可能是某一工艺技术不成熟；也可能是控制水平不过关或人为因素等，跟单员对这些问题多发环节应该在巡视时多加注意。

（二）手工作业集中工序

用设备加工产品比较容易控制品质，而手工作业控制品质就比较困难。这是因为每一个人的工作经验不同以及理解力、反应能力、责任心等不同，会对产品品质产生很大影响，所以跟单员要在巡视中多花时间去观察和检查手工作业集中的工序。

（三）关键工序

关键工序会直接影响产品的品质，这也是跟单员巡视的重点。

（四）新作业工序

用到新工艺或使用新材料的工序/部位往往会因为技术的不成熟或经验不足而出现各种问题，跟单员在巡视时要特别注意。

三、监控品质检验环节

产品质量的控制要从物料使用开始，一直到出货为止。虽然有品质部进行产品品质控制，但跟单员作为订单的直接跟进者，要与品质管理人员一同做好品质控制工作。品质检验具体的跟单要点如表 6-12 所示。

表6-12　品质检验跟单要点

序号	跟踪项目	操作要点
1	物料质量	（1）检查品质管理人员是否依照检验作业指导书的要求进行物料检验 （2）检查合格与不合格物料是否分开放置 （3）检查检验报告是否认真、如实、全面地填写
2	生产过程检验	（1）检查是否按照检验标准做好首件检验 （2）检查制程检验人员发现产品不合格时，是否根据检验标准的规定予以标识区分或移离生产线 （3）检查是否做好末件检验
3	产品包装质量	检查检验人员是否按照包装检验标准对包装材料、包装箱的牢靠度、包装箱上的标志进行检验
4	成品入库检验	（1）检查产品是否按照生产标准或检验作业指导书规定的入库验收项目逐条逐项进行检验 （2）检查产品的合格证、附带的技术文件、备件等是否齐全 （3）检查成品验收检验的记录是否齐全、准确

第六节　如何跟踪交货期

跟单的目的之一是保证按期完成订单，将产品交到客户手里，因而跟单员要时时关注交货期。

一、交货期延误，怎么办

依据正常的生产进度通常不会出现交货期延误的情况。但如果出现急单、插单等情况，交货期就可能延误。跟单员一旦发现有交货期延误的迹象应及时与客户取得联系，寻求妥善的解决办法。

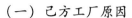

（一）己方工厂原因

如果交货期延误是己方工厂的原因，如由待料、技术问题等引起，跟单员需要与生产部确认新的交货期，再以传真或电话方式告知客户，征求客户同意后更改订单交货期。如果客户不同意交货期延迟或者取消订单，跟单员可与客户协商由工厂负担部分运费或其他杂费，做出让步，以取得客户的同意。

（二）客户供料不及时

客户未提供应提供的包装材料、网印材料等，跟单员需要打电话或发传真追踪客户的材料，一般在客户给齐包装材料半个月后出货。

二、交货期变更，怎么办

如果客户由于特殊原因要更改交货期，跟单员要与客户沟通，尽量不要打乱原计划。如果确实需要修改，跟单员要及时与相关部门沟通，做好具体安排。

（一）通知相关部门

跟单员需要根据客户的交货期调整生产进度，发出《交期变更通知单》（如表6-13所示），调整相关事项安排。

表6-13　交期变更通知单

通知部门：　　　　　　　　　　　　制造号码：

产品名称、规格：　　　　　　　　　生产数量：　　　　　年　　月　　日

接单日期	原定交期	变更交期	变更原因	□船期　　　　　□人员不足 □L/C　　　　　□制造异常 □配合客户要求 □物料延误 □机械故障

（续表）

原定 要求		
修正		

（二）协调安排生产

如果交货期提前，跟单员要与生产人员做好沟通，安排加班生产。如果交货期延后，跟单员则可以调整生产计划，优先生产其他订单，但必须保证调整后的订单能按期交货。

 备货跟单关键点

跟单员在备货跟单时应把握以下要点。

◆ 在将订单转化为《生产通知单》时，交货期可以比实际交期提前两天，以防安排生产时有意外情况发生。

◆ 与各部门（生产厂家）充分沟通，使其能够完全理解订单的要求。

◆ 制作一份《生产情况跟踪表》，对产品生产进行全程跟踪。

◆《材料耗用明细表》中一定要列出整张订单所用的全部材料，不得有任何遗漏或错误。

◆ 如果客户自己提供物料，一定要及时跟踪其提供物料的供应情况。

◆ 如有意外情况不能满足客户要求时，一定要及时向上司报告。

◆ 对产品进行质量跟踪要从产品一上线就开始。

◆ 如果要修改交货期，一定要与客户协商并取得其同意后才能修改。

第七章　商品检验，出关必备

第一节　办理商品检验有哪些步骤

进出口商品检验是货物交接过程中不可缺少的一个环节。经检验合格的商品获得检验证书，出口方才可报关出运；检验不合格的商品可申请一次复验，复验仍不合格的，不得出口。

跟单员在货物准备齐全之后、交付之前，应针对不同商品的情况和出口合同的规定，报送相关机构对出口商品进行检验。

商品检验的办理流程及要点说明如表 7-1 所示。

表 7-1　商品检验流程及要点说明

流程	要点说明	备注
确定是否需要报检	根据国家相关规定确定出口商品是否需要报检	如果进口商在合同中要求特殊检验，要配合相关机构检验
准备所需资料、单证	将商品检验需要的各种单证、合同及其他文件准备齐全	

（续表）

流程	要点说明	备注
填写报检单	应认真、如实录入报检单	其申报内容必须与报检随附单证一致
提交报检申请	有出入境检验检疫局认可的报检员签名并盖上公章后，向出入境检验检疫局提出申请	在规定的时间内提交报检申请，对于检验周期较长的商品，还应预留更多时间
配合检验	提供辅助人力、工具、工作场所等必要条件	
领取检验证书	在规定的日期之内领取检验合格证书	
审核检验证书	审核检验证书是否与申报时的要求完全一致	如果有不一致的地方，要及时提出并申请解决处理

第二节　哪些情况需要报检

在办理商品检验前，跟单员必须确定出口商品是否需要报检。确定商品是否需要报检分为以下两种情况。

一、合同规定要检验证书

在外贸业务中，有些客户会要求出口商（卖方）出具国际上一些权威商品检验机构或其本国设在出口国的特定检验机构的检验证书作为必要单据。此时，出口商应在货物装运前主动联系上述机构，并积极配合其检验，以获得检验证书，具体应做好以下工作。

（1）填写《检验申请单》，并提供相关单证、资料。

（2）在规定的时间、地点配合相关机构检验。

（3）领取商检合格证书。

相关知识

检验证书有哪几种

商品检验证书是买卖双方交接货物、结算货款和处理索赔、理赔的主要依据，也是通关纳税、结算运费的有效凭证。常见的商品检验证书有如下几种。

1. 品质证书

品质证书是出口商品交货结汇和进口商品结算索赔的有效凭证，法定检验商品的证书是进出口商品报关、输出输入的合法凭证。商检机构签发的放行单和在报关单上加盖的放行章有与商检证书同等的通关效力；"检验情况通知单"同属商检证书性质。

2. 重量或数量证书

重量或数量证书是商品交货结汇、签发提单和进口商品的有效凭证，商品的重量证书也是出口征税和计算运费、装卸费用的依据。

3. 兽医证书

兽医证书是证明动物产品经过检疫合格的证件，适用于冻畜肉、冻禽、禽畜罐头、冻兔、皮张、毛类、绒类、猪鬃、肠衣等商品。兽医证书是出口商对外交货、银行结汇和通关的重要证件。

4. 卫生证书

卫生证书是证明可供人类食用的动物产品经过卫生检疫合格的证件，适用于肠衣、罐头、冻鱼、冻虾、蛋品等。卫生证书是出口商对外交货、银行结汇和通关的有效证件。

5. 消毒证书

消毒证书是证明动物产品经过消毒处理，保证安全卫生的证件，适用于猪鬃、马尾、皮张、羽毛、人发等商品。消毒证书是出口商对外交货、银行结汇和通关的有效凭证。

6. 熏蒸证书

熏蒸证书是证明粮谷、油籽、豆类、皮张等商品，以及木材与植物性填充物等已经过熏蒸灭虫的证书。

7. 残损证书

残损证书是证明进口商品残损情况的证件，适用于进口商品发生残、短、渍、毁等情况，可作为收货人向发货人、承运人、保险人等有关责任方索赔的有效证件。

8. 积载鉴定证书

积载鉴定证书是证明船方和集装箱装货部门正确配载积载货物，作为证明契约义务的证件，可在处理货物交接或发生货损争议时使用。

（续表）

9. 财产价值鉴定证书

财产价值鉴定证书是对外关系人和司法、验资等有关部门评估或裁判的重要依据。

10. 船舱证书

船舱证书是证明承运商品的船舱清洁、密固、冷藏效能及其他技术条件符合保护承载商品质量和数量完整与安全要求的证件，可作为对外关系方进行货物交接和处理货损事故的依据。

11. 生丝品级及公量证书

生丝品级及公量证书是生丝的专用证书，其作用相当于重量/数量证书。

12. 产地证书

产地证书是商品在进口国通关输入，享受减免关税优惠待遇和证明商品产地的凭证。

13. 舱口检视证书、监视装/卸载证书、舱口封识证书、油温空距证书、集装箱监装/拆证书

以上证书可作为证明承运人履行契约义务和处理货损货差责任事故的凭证。

14. 价值证书

价值证书可作为进口国管理外汇和征收关税的凭证。在发票上签盖商品检验机构的价值证明章与价值证明书具有同等效力。

15. 货载衡量证书

货载衡量证书是证明商品重量、体积的证件，可作为计算运费和制订配载计划的依据。

16. 集装箱租箱交货证书、租船交船剩水/油重量鉴定证书

集装箱租箱交货证书、租船交船剩水/油重量鉴定证书可作为契约双方明确履约责任和处理费用清算的凭证。

二、法律规定要检验证书

凡属法律规定必须经中国检验检疫局出入境检验出证的商品，在货物备齐后应向出入境检验检疫局申请检验，只有取得检验检疫局发放合格证书的商品，海关才准予放行。

根据相关规定，出口商品及其运载工具法定报验的范围如下。

(1) 列入《商检机构实施检验的进出口商品种类表》（以下简称《种类表》）的出口商品。

(2) 出口食品以及出口动物产品。

(3) 出口危险货物包装容器。

(4) 装运出口的易腐烂变质食品、冷冻品的集装箱、船舱、飞机、车辆等运载工具。

(5) 其他法律、行政法规规定必须检验的出口商品。

相关知识

商品免检

《进出口商品免验办法》规定，凡列入《种类表》和其他法律、行政法规规定须经商品检验机构检验的出口商品，经收货人、发货人（申请人）申请，国家商检部门审查批准，可以免予检验。

1. 申请免检的条件

出口商品申请免验应当符合以下条件。

(1) 出口商品质量应长期稳定，在国际市场上有良好的质量信誉，属于生产企业责任而引起的质量异议、索赔和退货，检验检疫机构检验合格率连续3年达到100%。

(2) 出口商品应当有自己的品牌，在相关国家或者地区同行业中产品档次、产品质量处于领先地位。

(3) 企业的质量管理体系应当符合ISO9000质量管理体系标准或者与申请免验商品特点相应的管理体系标准要求，并获得权威认证机构的认证。

（续表）

（4）企业应当具有一定的检测能力。

此外，出境的样品、礼品、暂准出境的货物以及其他非贸易性物品，免予检验。

2. 不准申请免检的商品

下列出口商品不能申请免检。

（1）食品、动植物及其产品。

（2）危险品及危险品包装。

（3）品质波动大或者散装运输的商品。

（4）需出具检验检疫证书或者依据检验检疫证书所列重量、数量、品质等计价结汇的商品。

第三节　报检必须有哪些单证、资料

企业在提交报检申请前必须将各种所需的单证、资料准备齐全。不同的商品报检时要求提交的资料不一样，所以跟单员准备时一定要细心。报检应提供的单证、资料如图 7-1 所示。

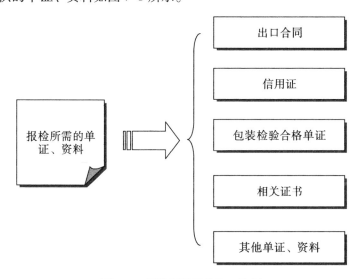

图 7-1　报检所需的单证、资料

一、出口合同

出口合同（或售货确认书）是进出口双方达成交易的书面确认文件，在报检时要提供其复印件或副本，必要时提供原件。如果出口合同有补充协议的，要提供补充协议书；有修改的，要提供修改书。

二、信用证

信用证是报检必备单证，必须依据要求提交其复印件或副本，必要时提供原件。如果信用证有修改的情况，还要提供信用证修改书或更改的函电。

三、包装检验合格单证

凡属危险或法定检验范围内的商品，在申请品质、规格、数量、重量、安全、卫生检验时，必须提交商品检验机构签发的出口商品包装性能检验合格单证。

四、相关证书

属于必须向商品检验机构办理卫生注册和出口商品质量许可证的商品，报验时必须提供商品检验机构签发的卫生注册证书或出口质量许可证编号和厂检合格单。冷冻、水产、畜产品和罐头食品等需办理卫生检验时，必须提交商品检验机构签发的卫生注册证书和厂检合格单。

五、其他单证、资料

其他单证、资料主要包括以下六种。

（1）样品。如果合同规定凭样品成交，必须提供经国外买方确认的样品一份。

（2）经发运地出入境检验检疫机构检验合格的商品，需在口岸申请换证的，必须提交发运地商品检验机构签发的《出口商品检验换证凭单》（以下简称《换证凭单》）正本。

（3）第一次检验不合格、经返工整理后申请重新检验的商品，应提交原来的商品检验机构签发的不合格通知单和返工整理记录。

（4）经生产经营部门检验的商品，应提交其检验结果单。

（5）申请重量/数量鉴定的商品，应提交重量明细单、装箱单等资料。

（6）申请积载鉴定、监视装载的商品，应提供配载图、配载计划等资料。

第四节　怎样填写出口货物报检单

报检单要求预录入，并加盖报检单位公章或已向检验检疫机构备案的报检专用章。报检前，跟单员应认真审核录入报检单，其申报内容必须与报检随附单证一致，并在"报检人声明"一栏签名。

一、报检单要如实填写

报检单必须如实填写，并保持整洁，不得涂改。报检单具体的填写要求如下。

（1）每张申请单一般只填写一批商品。

（2）申请的日期、时间必须准确无误。

（3）申请单中所有应填写的项目均应填写齐全，译文准确，中英文内容一致。

（4）属于两个检验鉴定项目的，需区分是单独出证还是合并出证，在备注栏内标明。

（5）证书的文种、份数要写清楚。

（6）如果对检验证书的内容有特殊要求，也应在检验申请单中申明。

二、报检单样式

出口货物报检单示例如表7-2所示。

表7-2　中华人民共和国出入境检验检疫出境货物报检单

报检单位（加盖公章）：　　　　　　　　　　编号：

报检单位登记号：　　　　联系人：　　　电话：　　　报检日期：　年　月　日

收货人	（中文）				
	（外文）				
发货人	（中文）				
	（外文）				
货物名称 （中、外文）	H. S. 编码	产地	数量/重量	货物总值	包装种类 及数量

运输工具名称号码		贸易方式		货物存放地点	
合同号		信用证号		用途	
发货日期		输往国家（地区）		许可证/审批号	
启运地		到达口岸		生产单位注册号	
集装箱规格、数量及号码					

（续表）

合同、信用证订立的检验检疫条款或特殊要求	标记及号码	随附单据（打"√"或补填）	
		□ 合同	□ 包装性能结果单
		□ 信用证	□ 许可/审批文件
		□ 发票	□
		□ 换证凭单	□
		□ 装箱单	□
		□ 厂检单	□

需要单证名称（打"√"或补填）		＊检验检疫费	
□ 品质证书　　__正__副	□ 植物检疫证书　__正__副	总金额（人民币元）	
□ 重量证书　　__正__副	□ 熏蒸/消毒证书　__正__副		
□ 数量证书　　__正__副	□ 出境货物换证凭单		
□ 兽医卫生证书　__正__副	□ 出境货物通关单	计费人	
□ 健康证书　　__正__副	□		
□ 卫生证书　　__正__副	□	收费人	
□ 动物卫生证书　__正__副	□		
报检人郑重声明： 1. 本人被授权报检。 2. 上列填写内容正确属实、货物无伪造或冒用他人的厂名、标志、认证标志，并承担货物质量责任。 　　　　　　　　　　签名_____		领取证单	
		日期	
		签名	

注：有"＊"号栏由出入境检验检疫机关填写。

　　国家出入境检验检疫局制

三、报检单填写要点

根据以上报检单样式，具体填写报检单时可参考表 7-3 的说明。

表 7-3　报检单的填写要点

序号	填写项目	填写要点
1	编号	预留空白，由出入境检验检疫局受理报检人员填写
2	报检日期	填写报检当日日期
3	报检单位	填写报检单位全称并加盖公章
4	报检单位登记号	填写报检单位在出入境检验检疫局的备案登记号
5	联系人及电话	填写出入境检验检疫局认可的报检员名字及联系电话
6	发货人	填写出口合同卖方或信用证受益人名称（中外文对照）
7	收货人	填写出口合同买方或信用证开证申请人名称，如无中文可不填
8	货物名称（中、外文）	按出口合同或信用证的相关规定如实填写
9	H. S. 编码（海关商品代码）	按《商品名称及编码协调制度》中规定的该商品的 8 位编码填写
10	产品信息	按实际情况填写，货物总值应与出口发票所列数值一致
11	运输工具名称号码	如果还未完全安排好运输工具，可只填写"海运"或"空运"等
12	贸易方式	"正常贸易"或"三来一补"等
13	许可证/审批号	已办理出口许可证的，应填写出口许可证号码
14	生产单位注册号，集装箱规格、数量及号码	可空白
15	合同、信用证订立的检验检疫条款或特殊要求	如实填写，如果信用证中要求不列明收货人时填写"TO ORDER"（凭指示），以便出入境检验检疫局按此指示出具商检证

（续表）

序号	填写项目	填写要点
16	标记及号码	填写运输标记，如没有注明"无"
17	随附单据	选择或补填
18	需要单证名称	（1）如果为法定检验商品，报检仅为通关之用，可只按要求出具"出境货物通关单" （2）如果合同或信用证要求出具商检证明作为议付单据之一，应出具品质证书、重量证书、数量证书等
19	其他项目	按实际情况填写

第五节　如何领证、审证

向出入境检验检疫局提交检验申请，并配合商品检验后，出入境检验检疫局会根据检验结果发放证书。

一、领取证书注意事项

报检单位要在规定的日期内领取检验合格证书。领取检验合格证书时应注意以下事项。

（1）申请人申请出具品质证书时，不需要再在《出口商品报关单》上加盖放行章或出具《出口商品放行单》，凭品质证书上标有"此副本仅供通关用"字样的副本报关。

（2）中俄、中缅、中越等边境贸易的出口商品凭品质证书正本加盖"边境贸易"印章通关。

二、检查证书

跟单员领取证书后要立即校对证书日期、证书内容等。证书日期应早于提单日期；证书内容要与结汇有关单证一致，如不一致应及时提出，查明原因并由商品检验机构予以配合解决。已取得检验检疫证书的商品应在规定期限内发运出口，超过期限的应将原发商检证书全部退回，重新申请报验。一般商品在自单证签发之日起 60 日内装运出口，鲜活类商品为两周。

 办理商品检验关键点

跟单员在办理商品检验时应把握以下要点。

◆ 确认出口商品是否属于法定检验。法定检验商品必须报请检验且在检验合格后才能出口。

◆ 跟单员在报检前必须了解需要哪些单证、资料并准备齐全，尽量做到一次报验成功。

◆ 对于服装、纺织品、皮鞋、工艺品等商品，在报验时还应提交文字表达不了的样卡、色卡或实物样品。

◆ 跟单员在填写报检单时必须逐项仔细填写，要求字迹清晰、资料详细，并加盖公章。

◆ 跟单员申请报检时就要估算好时间，预先约定抽样检验、鉴定的时间，确保不影响商品报关和出货。

◆ 跟单员对所需检验证书的内容如有特殊要求，应预先在检验申请单上申明。

◆ 已报验的出口商品，如国外开来信用证修改函时，凡涉及与商检有关的条款，跟单员须及时将修改函送商品检验机构，办理更改手续。

◆ 跟单员领取证书时应按规定缴纳检验费，并如实签署姓名和领取时间。

第八章　保险，利人利己

第一节　办理保险有哪些步骤

合同约定使用的价格术语不同，在办理保险时跟单员的工作重点也有所不同。交易双方按 FOB 或 CFR 术语成交，保险由买方负责，跟单员要及时催促买方办理。如果使用 CIF 术语，卖方要自行办理保险，这时跟单员对此要全程负责。

办理保险的流程及要点说明如表 8-1 所示。

表 8-1　办理保险的流程及要点说明

流程	要点说明	备注
准备所需单证	备齐办理保险时所需要的各种单证，不能遗漏	包括信用证、发票、提单、装箱单等
计算保险额与保险费	按照公式准确计算保险额与应付的保险费	注意不同价格术语之间的转换
申请投保	填写投保单	选择正确的险别
领取保险单	领取保险公司签发的保险单	经审核如发现有出入应及时申请修改

第二节 买哪种险最划算

海洋运输货物保险可分为基本险别和附加险别。

一、基本险别必须买

基本险又叫"主险"，是可以单独投保的险别，包括平安险（Free from Particular Average，F. P. A.）、水渍险（With Particular Average，W. P. A.）和一切险（All Risks）。不同的险别其责任范围不一样，具体内容如表8-2所示。

表8-2　基本险别的责任范围

序号	险别	责任范围	适用范围
1	平安险	（1）在运输过程中，由于自然灾害和运输工具发生意外事故，造成被保险货物的实物实际全损或推定全损 （2）在运输工具已经发生搁浅、触礁、沉没、焚毁等意外事故的情况下，被抢救的货物又在海上遭受恶劣气候、雷电、海啸等自然灾害所造成的损失 （3）由于运输工具遭搁浅、触礁、沉没、互撞、与流冰或其他物体碰撞以及失火、爆炸等意外事故造成被保险货物的部分损失 （4）在装卸转船过程中，被保险货物一件或数件落海所造成的全部损失或部分损失 （5）被保险货物在运输过程中由于恶劣气候、雷电、海啸、地震、洪水等自然灾害造成整批货物的全部损失或推定全损	一般用于大宗、低值、粗糙的无包装货物，如废钢材、木材、矿砂等

（续表）

序号	险别	责任范围	适用范围
1	平安险	（6）运输工具遭受自然灾害或意外事故，需要在中途的港口或在避难港口停靠，因而引起的卸货、装货、存仓以及运送货物所产生的特别费用 （7）发生共同海损所引起的牺牲、公摊费和救助费用 （8）发生了保险责任范围内的危险，被保险人对货物采取抢救、防止或减少损失的各种措施，因而产生合理施救费用；但是保险公司承担费用的限额不能超过这批被救货物的保险金额；施救费用可以在赔款金额以外的一个保险金额限度内承担	一般用于大宗、低值、粗糙的无包装货物，如废钢材、木材、矿砂等
2	水渍险	除包括上列"平安险"的各项责任外，还负责被保险货物由于恶劣气候、雷电、海啸、地震、洪水等自然灾害所造成的部分损失	一些不易损坏或虽易生锈、但不影响使用的货物或旧货物，以及散装原料等
3	一切险	除包括上列"平安险"和"水渍险"的所有责任外，还包括货物在运输过程中因各种外来因素所造成保险货物的损失，不论全损还是部分损失，除对某些运输途耗的货物，经保险公司与被保险人双方约定在保险单上载明的免赔率外，保险公司都给予赔偿	价值较高、可遭受损失因素较多的货物

二、附加险有必要买吗

附加险包括一般附加险和特殊附加险。

（一）一般附加险

一般附加险不能作为一个单独的项目投保，只能在投保平安险或水渍险的基础上加保一种或若干种一般附加险，如加保所有的一般附加险就叫"投保一切险"。常见的一般附加险及其说明如表8-3所示。

表8-3　一般附加险

序号	险别	说明
1	偷窃提货不着险	保险有效期内，保险货物被偷走或窃走，以及货物运抵目的地以后整件未交的损失
2	淡水雨淋险	货物在运输中，由于淡水、雨水以及雪溶所造成的损失
3	短量险	负责保险货物数量短缺和重量的损失
4	混杂、沾污险	货物在运输过程中，混进了杂质或被其他物质接触而被沾污所造成的损失
5	渗漏险	流质、半流质的液体物质和油类物质在运输过程中因为容器损坏而引起的渗漏损失
6	碰损、破碎险	碰损主要针对金属、木质等货物，破碎则主要针对易碎性物质
7	串味险	货物（如香料）在运输中与其他物质一起储存而导致的变味损失
8	受潮受热险	由于气温骤变或船上通风设备失灵等使舱内水汽凝结、发潮、发热引起货物的损失
9	钩损险	货物在装卸过程中因为使用手钩、吊钩等工具所造成的损失
10	锈损险	货物在运输过程中因为生锈造成的损失
11	包装破裂险	包装破裂造成物资的短少、沾污等损失

（二）特殊附加险

特殊附加险也属附加险范围之内，但不属于一切险的范围之内。特殊附加险主要包括战争险、罢工险、舱面险、拒收险、交货不到险、进口关税险、黄曲霉素险等。

三、如何选择投保险种

投保时，要是能在保险范围和保险费之间找到平衡点是最好不过的了，但要做到这一点，跟单员首先要对货物所面临的风险做出评估，甄别哪种风险最大、最有可能发生，并结合不同险种的保险费率加以权衡。

（一）投保前的五大考虑因素

投保多个险种当然安全感会增加很多，但保费的支出肯定也会相应增加。跟单员在投保时通常要对以下几个因素进行综合考虑。

（1）货物的种类、性质和特点。

（2）货物的包装情况。

（3）货物的运输情况（包括运输方式、运输工具、运输路线）。

（4）货物在港口和装卸过程中的损耗情况等。

（5）货物运送目的地的政治局势。

（二）何时选用一切险

"一切险"是最常用的一个险种。买家开立的信用证也多是要求卖方投保一切险。投保一切险最方便，因为它的责任范围包括了平安险、水渍险和 11 种一般附加险，投保人不用费心思去考虑选择哪些附加险。但是，往往最方便的服务需要付出的代价也最大。就保险费率而言，水渍险的费率约为一切险的 1/2，平安险的费率约为一切险的 1/3。

有的货物投保了一切险作为主险可能还不够，还需要投保特别附加险。某些含有黄曲霉素的食物，如花生、油菜籽、大米等食品会因超过进口国对该毒素的限制标准而被拒绝进口、没收或强制改变用途，从而给出口企业造成损失。那么，在出口此类货物的时候，出口企业就应将黄曲霉素险作为特别附加险予以承保。

（三）主险与附加险灵活使用

货物出口目标市场不同，保险费率也不一样，所以跟单员在核算保险成本时不能"一刀切"。如果投保一切险，欧美发达国家的费率可能是0.5%，亚洲国家约是1.5%，非洲国家可能会高达3.5%。跟单员在选择险种的时候要根据出口市场的情况有所区别。

第三节　如何计算保险额与保险费

保险额是投保人对出口货物的实际投保金额，保险费则是投保人应缴纳的相关费用。

一、保险金额这样计算

按照国际习惯做法，出口货物的保险金额一般按 CIF 货价另加 10% 计算，这增加的 10% 也被称为"保险加成"，是买方进行这笔交易所付的费用和预期利润。如果客户要求将保险加成率提高到 20% 或 30%，其保费差额部分应由买方负担。同时，客户要求加成率如超过 30% 时，应先征得保险公司的同意。

保险金额计算的公式为：

$$保险金额 = CIF 货值 \times （1 + 加成率）$$

如果换算成 CFR 价，则计算公式为：

$$CFR = CIF \times [1 - 保险费率 \times （1 + 加成率）]$$

二、货运保险的保险费

投保人按约定方式缴纳保险费是保险合同生效的必要条件。保险费率是指保险公司根据一定时期、不同种类货物制定的赔付率，按不同险别和目的地确定。保险费则根据保险费率表的费率来计算，其计算公式为：

$$保险费 = 保险金额 \times 保险费率$$

如按 CIF 加成投保，上述公式可更改为：

$$保险费 = CIF \times （1 + 投保加成率） \times 保险费率$$

例如，商品 03001 的 CIF 价格为 10 000 美元，进口商要求按成交价格的 110% 投保一切险（保险费率为 0.8%）和战争险（保险费率为 0.08%），根据上述公式计算：

$$保险金额 = 10 000 \times 110\% = 11 000（美元）$$
$$保险费 = 11 000 \times （0.8\% + 0.08\%） = 96.8（美元）$$

第四节　要准备哪些投保单证

跟单员在投保之前要将信用证、外贸发票、货运提单、装箱单等单证准备好。

一、信用证

跟单员要找出信用证，研读信用证，严格按信用证上规定的要求投保，保证"单单一致，单证一致"，以便顺利结汇。

二、外贸发票

外贸发票不仅是出口货物的必备凭证，也是投保时确定保单要素的重要依据。发票上列明的项目，如发票号码、商品名称、包装数量、货物价格都是填写投保单及确定投保金额时必不可少的项目。

三、货运提单

货运提单可以用来确定保险公司的签单日期。虽然所有保险公司都要求进出口货运保险的投保日期应在货运开始之前，但在实际操作中，由于各种各样的原因常常会发生投保人投保时货物已出运的情况。一般情况下，只要投保人无恶意行为，保险公司会根据货运提单上的出运日期出具签单日在实际投保日之前的保险单。

四、装箱单

装箱单可以用来确定出运货物的包装方式和包装件数。

第五节　如何投保

为了维护己方的利益，出口企业在投保时应选择合适的险别，按照如图 8-1 所示的程序办理相关手续。

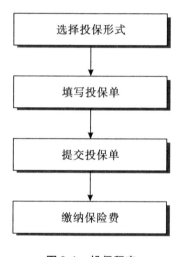

图 8-1　投保程序

一、投保形式有哪些

货物运输险投保的形式有以下几种。

（一）预约保险

专业从事出口业务的贸易公司或长期出口货物的企业可与保险公司签订预约保险合同（简称"预保合同"，是一种定期统保契约）。凡属于预保合同约定范围内的货物，一经起运，保险公司即自动承保。与保险公司签订预保合同的公司或企业，在每批保险标的出运前，由投保人填制"起运通知"（一式三份），交保险公司。

表8-4提供了一份《出口货物运输预约保险合同》范本，以供参考。

表8-4　出口货物运输预约保险合同

合同号：　　　　　　　　　　　日期：

甲方：

乙方：　　　　　　　　保险公司

甲乙双方就出口货物的运输预约保险议定下列各项，以资共同遵守。

一、保险范围

甲方出口到国外的全部货物，不论采用何种运输方式，凡贸易条件规定由卖方办理保险的，都属于本合同范围。甲方应根据本合同规定向乙方办理投保手续并支付保险费。

乙方对上述保险范围内的货物负有自动承保责任，在发生本合同规定范围内的损失时，均按本合同的规定负责赔偿。

二、保险金额

保险金额以出口货物的CIF价为准。如果交易不是以CIF价成交，则折算成CIF价在计算保险金额时，运费可用实际运费，也可由双方协定一个平均运费率来计算。

三、保险险别和费率

各种货物需要投保的险别由甲方选定，并在投保单中填明。乙方根据不同的险别规定不同的费率。现暂定如下：

货物种类	运输方式	保险险别	保险费率

（续表）

四、保险责任

各种险别的责任范围以乙方制定的"海洋货物运输保险条款"、"海洋货物运输战争险条款"、"航空运输综合险条款"和其他有关条款规定为准。

五、投保手续

甲方一经掌握货物发运情况，即应向乙方发出"起运通知书"，办理投保。"起运通知书"一式五份，由保险公司签订、确认后退回甲方一份。如果不办理投保，货物发生损失，乙方不予理赔。

六、保险费

乙方按甲方寄送的"起运通知书"照前列相应的费率逐笔计收保险费，甲方应及时付费。

七、索赔手续和期限

本合同所保货物发生保险范围以内的损失时，乙方应按制定的《关于海运出口保险货物残损检验和赔款给付办法》迅速处理。甲方应尽力对已遭受损失的货物积极抢救，尽量减少货物的损失。甲方向乙方办理索赔的有效期限以保险货物卸离海轮之日起满一年终止，如有特殊需要，可向乙方提出延长索赔期。

八、合同期限

本合同自____年____月____日起开始生效，有效期为____年。

甲方：   乙方：

《起运通知书》范本如表8-5所示，以供参考。

表8-5 ＿＿＿＿＿＿**保险公司国际运输预约保险起运通知书**

被保险人：　　　　　　　　　　　　　　　　　　　　　　　　编号：

保险货物项目（唛头）		包装及数量		价格条件		货价（原币）	
合同号		发票号码		提单号码		合同号	
运输方式		运输工具名称		运费		运输方式	
开航日期　　　年　　　月　　　日							
运输路线　　　自　　　　　至							
投保险别		费率		保险金额		保险费	
＿＿＿＿＿保险公司		被保险人签章		备注			
年　月　日		年　月　日					

（二）逐笔投保

未与保险公司签订预约保险合同的企业对出口货物需逐笔填制投保单，办理货物运输险保险。

（三）联合凭证

联合凭证是一种将发票和保险单相结合、比保险凭证更为简化的保险单据，目前只使用于部分地区的业务，只有来证表明可以接受联合凭证时，才能使用这种单据。在具体操作时，由投保人将《联合凭证》一式四份提交保险公司。保险公司将其加盖联合凭证印章，并根据投保人提出的要求注明承担险别、保险金额和理赔代理人名称，经签章后退回三份，自留一份，凭此统一结算保费。

一、填写投保单

跟单员办理投保必须填制《运输险投保单》，一般填制一式两份，一份由保险公司签署后交投保人作为接受承保的凭证；一份由保险公司留存，作为缮制、签发保险单（或保险凭证）的依据。

（一）投保单的内容

投保单的内容包括投保人名称、货物名称、运输标志、船名或装运工具、装运地（港）、目的地（港）、开航日期、投保金额、投保险别、投保日期和赔款地点等。其范本如表8-6所示，以供参考。

表8-6　运输险投保单

_____保险公司

运　输　险　投　保　单

APPLICAION FOR TRANSPORTATION INSURANCE

被保险人：

兹 ASSURED′S NAME：

有下列物品拟向_____保险公司投保：

IBSURANCE IS REQUIRED ON THE FOLLOWING COMMODITIES：

标记 MARKS & NO.	包装及数量 QUANTITY	保险货物项目 DESCRIPTION OF GOODS	保险金额 AMOUNT INSURED

装载运输工具：

PER CONVEYANCE：

开航日期：　　　　　　　　　　　　提单号码：

SLG. ON/ABT.：_____　　B/L NO.：_____

自　　　　　　　　　　　　　　　　至

FROM _____　　　　　　TO _____

请将要保的险别标明：

PLEASE INDICATE THE CONDITIONS &/OR

SPECIAL COVERAGE：

（续表）

备注：
REMARKS：

投保人（签名盖章）：	电话：
NAME/SEAL OF PROPOSER： _____	TELEPHONE NO.：
地址：	日 期：
ADDRESS： _____	DATE： _____

本公司自用
FOR OFFICE USE ONLY

费率：	保费：	经办人：
RATE： _____	PREMIUM： _____	BY： _____

（二）投保单填写

投保单要如实、认真填写，填写要点如表 8-7 所示。

表 8-7 投保单填写要点

序号	项目	说明
1	被保险人	如实填写出口商名称要点
2	标记	因为投保单索赔时一定要提交发票，所以可只填写"AS PER INVOICE NO. ××××"
3	包装及数量	（1）有包装的货物填写最大包装件数，并应与其他单据一致 （2）裸装货物要注明本身件数 （3）有包装但以重量计价的，应将包装数量与计价重量都填上
4	保险货物项目	按照货物名称如实填写，如果品种与名称较多，可填写其统称

（续表）

序号	项目	说明
5	保险金额	按信用证规定填写；如果信用证没有规定，可按货物 CIF 货值的 110% 填写
6	装载运输工具	（1）海运方式下填写船名加航次，如果整个运输由两次运输完成时，应分别填写一程船名及二程船名，中间用"/"隔开 （2）铁路运输填写运输方式为"BY RAILWAY"加车号 （3）航空运输填写航班名称
7	开航日期	填写提单装运日期
8	起讫地点	应填写"FROM 装运港 TO 目的港 W/T（VIA）转运港"，并与提单保持一致
9	投保险别	根据信用证规定如实填写
10	备注	备注栏内主要对特殊事项进行说明
11	投保人信息	按照实际情况如实填写

三、提交投保单

以上事项都准备好后，跟单员要将投保单与相关文件交给保险公司。保险公司会根据投保内容签发保险单或保险凭证，并计算保险费，单证一式五份，其中一份保险公司留存，投保人付清保险费后取得四份正本。

四、缴纳保险费

投保人要根据保险合同的规定按期如数缴纳保险费。缴纳保险费有一次付清、分期付款、现金支付、票据支付、汇付和托收等方式。

第六节　保险单据主要事项

保险单据是保险公司接受投保后签发的承保凭证，是保险人（保险公司）与被保险人（投保人）之间订立的保险合同。在被保险货物受到保险合同责任范围内的损失时，它是被保险人索赔和保险公司理赔的主要依据。在 CIF、CIP 贸易条件下，保险单是卖方必须向买方提供的主要单据之一，也可以通过背书转让。

一、查看保险单据类型

保险单据可分为保险单（INSURANCE POLICY）、保险凭证（INSURANCE CERTIFICATE）、联合保险凭证（COMBINED INSURANCE CERTIFICATE）和预约保险单（OPEN POLICY）等，因预约保险单前文中已做介绍，表 8-8 仅对前三种保险单据做简要说明。

表 8-8　三种保险单据类型

序号	类型	说明
1	保险单	即大保单，是一种独立的保险凭证，一旦货物受到损失，承保人和被保人都要按照保险条款和投保险别来分清货损，处理索赔
2	保险凭证	即小保单，不印刷保险条款，只印刷承保责任界限，以保险公司的保险条款为准，但其作用与保险单完全相同
3	联合保险凭证	用于我国港澳特别行政区中资银行开来的信用证项下业务，在商业发票上加盖保险章，注明相关信息，与保险单有同等效力，但不能转让

二、保险单审核要点

跟单员领取保险单后应认真审核，具体的审核要点如下。

（1）确保根据信用证要求交来保险单、保险凭证、保险声明。

（2）确保提交全套保险单据。

（3）确保保险单据是由保险公司或保险商或他们的代理人签发的。

（4）确保保险单据的发出日期或保险责任生效日期最迟应在已装船或已发运或接受监管之日。

（5）确保货物投保金额符合信用证要求或符合《UCP600》第 28 条第 F 分款的解释。

（6）除非信用证另外允许，确保保险单据必须使用与信用证相同的货币出具。

（7）确保货物描述符合发票的货物描述。

（8）确保承保的商品是信用证指定装载港口或接受监管点到卸货港口或交货点。

（9）确保已经投保了信用证指定的险别，并已明确表示出来。

（10）确保唛头和号码等与运输单据相符。

（11）确保如果被保险人的名称不是保兑行、开证行或买方，应带有适当的背书。

（12）确保保险单据与相关单据一致。

（13）如果单据记载有任何更改，确保应被适当地证实。

三、申请批改

跟单员审核保险单时，若发现投保内容有错漏或需变更，应向保险公司及时提出批改申请，由保险公司出立批单，粘贴于保险单上并加盖骑缝章，保险公司按批改后的条件承担责任。

跟单员申请批改必须在货物发生损失以前，或投保人不知有任何损失事故发生的情况下，在货到目的地前提出。

第七节 货物遭受损失了怎么办

保险索赔是指当被保险人的货物遭受承保责任范围内的风险损失时，被保险人向保险人提出的索赔要求。在国际贸易中，如由卖方办理投保，卖方在交货后即将保险单背书转让给买方或其收货代理人，当货物抵达目的港（地）发现残损时，买方或其收货代理人作为保险单的合法受让人应就地向保险人或其代理人要求赔偿。被保险人或其收货代理人向保险人索赔时应做好如图 8-2 所示的工作。

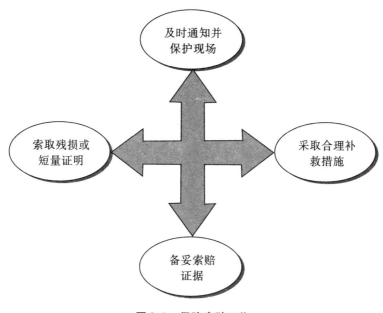

图 8-2 保险索赔工作

一、及时通知并保护现场

当被保险人得知或发现货物已遭受保险责任范围内的损失时，应及时通知保险公司，并尽可能保护现场。由保险人会同有关方面勘察损失程度、调查损失原因、确定损失性质和责任、采取必要的施救措施，并签发联合检验报告。

二、索取残损或短量证明

当被保险货物运抵目的地，被保险人或其收货代理人提货时发现货物有明显的受损痕迹、整件短少或散装货物已经残损，应立即向理货部门索取残损或短量证明。如货损涉及第三方的责任，则首先应向有关责任方提出索赔或声明保险索赔权。在保留向第三方索赔权的条件下，被保险人可向保险公司索赔。被保险人在获得保险补偿的同时，须将受损货物的有关权益转让给保险公司，以便保险公司取代被保险人的地位或以被保险人名义向第三方进行追偿。保险人的这种权利叫作"代位追偿权"。

三、采取合理补救措施

保险货物受损后，被保险人和保险人都有责任采取可能的、合理的施救措施，以防止损失扩大。因抢救、阻止、减少货物损失而支付的合理费用，保险公司负责补偿。被保险人能够施救而不履行施救义务的，保险人对于扩大的损失甚至全部损失有权拒赔。

四、备妥索赔证据

索赔应在规定时效内提出，提出保险索赔时通常应提供以下证据。

（1）保险单或保险凭证正本。

（2）运输单据。

（3）商业票和重量单、装箱单。

（4）检验报单。

（5）残损、短量证明。

（6）向承运人等第三方请求赔偿的函电或其证明文件。

（7）必要时还需提供海事报告。

（8）索赔清单主要列明索赔的金额及其计算依据，以及有关费用项目和用途等。

办理保险关键点

跟单员办理出口货物保险时应把握以下要点。

◆ 对于按 FOB 或 CFR 术语成交的出口货物，跟单员一定要催促买方办理保险。

◆ 投保人因时间紧迫可口头或以函电形式向保险公司提出投保申请，如获允准，保险也生效，但事后要补交投保单。

◆ 投保单的各项内容必须如实、认真填写，而且必须与合同和信用证相关内容保持一致。

◆ 要按合同规定计算保险额，保险额计算一定要准确。

◆ 办理投保手续的日期不得迟于货物装运日期，出单日期也不得迟于货物装运日期。

◆ 保险索赔或诉讼的时效自货物在最后卸货地卸离运输工具时起算，最多不超过两年。

第九章　万事俱备，只欠报关

第一节　出口报关有哪些步骤

根据《中华人民共和国海关法》的规定，除海关特准外，出口货物必须在货物运抵海关监管区后、装货 24 小时前办理报关手续。出口货物自向海关申报起至出境止都要接受海关监管。

出口报关流程及要点说明如表 9-1 所示。

表 9-1　出口报关流程及要点说明

流程	要点说明	备注
准备报关	将报关所需单证准备齐全	采用纸质报关单和电子数据报关单的形式
申请报关	填写报关单自行报关或委托报关	
配合海关查验	海关查验出口货物时，发货人应当到场并予以配合	
缴纳关税和相关费用	根据相关规定，缴清货物关税和其他费用	
办理货物放行	依据海关签印提走货物	

第二节　报关需要准备什么

跟单员在报关前要将出口货物与相关单证准备齐全。

一、单证要齐全、正确

为了做到如实申报，跟单员在报关前需认真准备、检查申报必备单证，按不同贸易方式和出口商品的报关需求递交不同的单证，提交的单证必须齐全、合法、有效。报关单证主要包括如下几项。

(1) 由报关员自行填写或由报关预录入人员录入后打印的报关单（格式以海关的要求为准）。

(2) 合同。

(3) 出口载货清单。

(4) 装运单（俗称"下货单"）。

(5) 代理报关授权委托协议。

(6) 出口货物属于国家限制出口或配额出口的应提供许可证件或其他证明文件。

(7) 货物的发票、装箱单。

(8) 出入境检验检疫部门签发的证明。

(9) 出口收汇核销单。

(10) 其他海关监管条件所涉及的各类证件。

二、货到报关，准备好货物

目前海关实行货到报关，因此提前将出口货物准备好是顺利通关的必要条件。如果交易条件是工厂送货，跟单员可将货物发运到承运人指定的集装箱中转站，由中转站负责将货物依次装入集装箱。如果交易条件要求厂装，则承运人可将空箱运至出口方仓库，将货物装箱之后直接运至堆场。跟单员应派人到现场查看装货情况，并要求集装箱中转站按出口方的装箱要求装货。这样能在一定程度上防止短装或错装，从而为顺利通关奠定基础。

第三节　电子化报关更快捷

根据《中华人民共和国海关法》的规定，出口货物的发货人或其代理人应在货物的出境地向海关申报，可使用纸质报关单和电子数据报关单。由于海关系统大都安装了"电子口岸系统"，因此，以下主要对电子报关进行说明。

一、自理报关，按流程操作

如果是自理报关，跟单员就要自行登陆相关网站，并按照自理报关的申报流程进行操作。

（一）自理报关申报流程

自理报关的申报流程如图9-1所示。

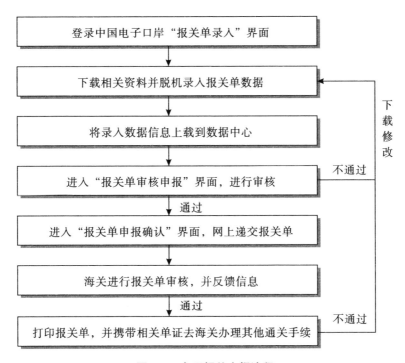

图9-1　自理报关申报流程

（二）填写报关单

报关单填写的质量如何直接关系到报关成功与否。在填写报关单时应保证所有内容与箱单、发票、合同内容一致，做到单单相符，货物品名与其商品编码相符，数量及单位与该出口货物的海关统计单位一致。

报关单的填写要点如表9-2所示。

表9-2　报关单的填写要点

序号	项目	填写要点
1	海关编号	填写申报时给予报关单的9位数码
2	出口口岸	填写海关放行货物出境的我国国境口岸名称
3	备案号	填写海关给予的12位号码
4	出口日期	填写出口日期（8位数字，年4位，月、日各2位）
5	申报日期	填写申报日期（8位数字，年4位，月、日各2位）
6	经营单位	填写对外签订或执行出口贸易合同（协议）的中国境内企业或单位名称
7	运输方式	按"运输方式代码表"选择填报相应的运输方式
8	运输工具名称及号码	（1）江海运输填报船舶呼号（来往我国港澳地区小型船舶为监管簿编号）+"/"+航次号 （2）汽车运输填报该跨境运输车辆的国内行驶车牌号+"/"+进出境日期（8位数字，年4位，月、日各2位，下同） （3）铁路运输填报车次（或车厢号）+"/"+进出境日期 （4）航空运输填报航班号+进出境日期+"/"+总运单号 （5）邮政运输填报邮政包裹单号+"/"+进出境日期 （6）其他运输填报具体运输方式名称，例如管道、驮畜等
9	提运单号	如实填写，转关运输免予填报
10	收/发货单位	填写收发货企业的名称

（续表）

序号	项目	填写要点
11	贸易方式	按"贸易方式代码表"选择填报相应的贸易方式简称或代码
12	征免性质	按照海关核发的"征免税证明"中批注的征免性质填报，或根据实际情况按"征免性质代码表"选择填报相应的征免性质简称或代码
13	结汇方式	按海关规定的"结汇方式代码表"选择填报相应的结汇方式名称或代码
14	许可证号	按照实际编号如实填写
15	起运国（地区）或运抵国（地区）	按"国别（地区）代码表"选择填报相应的起运国（地区）或运抵国（地区）中文名称或代码
16	指运港	按"港口航线代码表"选择填报相应的港口中文名称或代码
17	境内货源地	出口货物在国内的产地或原始发货地
18	成交方式	根据实际成交价格条款按"成交方式代码表"选择填报相应的成交方式或代码
19	运费	注明运费，并按"货币代码表"选择填报相应的币种代码
20	保险费	可按保险费总价或保险费率两种方式之一填报，并按"货币代码表"选择填报相应的币种代码
21	杂费	可按杂费总价或杂费率两种方式之一填报，同时注明杂费标记，按"货币代码表"选择填报相应的币种代码
22	合同（协议号）	填报进（出）口货物合同（协议）的全部字头和号码
23	货物件数	如实填写，本栏目不得填报为"0"，裸装货物填报为"1"
24	包装种类	根据货物的实际外包装种类，按"包装种类代码表"选择填报相应的包装种类代码

（续表）

序号	项目	填写要点
25	毛重、净重	填报实际重量，计量单位为千克，不足1千克的填报为"1"
26	集装箱号	集装箱数量四舍五入填报整数，非集装箱货物填报为"0"
27	随附单据	按"监管证件名称代码表"选择填报相应证件的代码
28	生产厂家	填写出口货物的境内生产企业
29	标记唛头及备注	填写货物的实际标记唛头
30	项号	（1）第一行填报报关单中的商品排列序号 （2）第二行专用于加工贸易等已备案的货物，填报该项货物在"登记手册"中的项号
31	商品编号	按"商品分类编码规则"确定货物的商品编号
32	商品名称、规格型号	第一行填写规范的中文商品名称，第二行填写商品规格型号，必要时可加注原文
33	数量及单位	填写货物的实际数量和数量单位
34	最终目的国（地区）	按"国别（地区）代码表"选择填报相应的国家（地区）名称或代码
35	单价、总价	应填报同一项号下货物实际成交的商品单位价格。无实际成交价格的，本栏目填报货值
36	币制	应根据实际成交情况按"货币代码表"选择填报相应的货币名称或代码，如"货币代码表"中无实际成交币种，需转换后填报
37	征免	按"征减免税方式代码表"中相应的征减免税方式填写
38	填制日期	由计算机自动打印
39	主管海关	填写报关单审单海关
40	其他项目	如实填写，与发票、信用证、装箱单内容保持一致

二、委托报关，填好委托书

委托专业或代理报关机构向海关办理申报手续的出口企业，在拖柜的同时要将报关所需资料（装柜清单）交给委托报关机构，委托其进行出口报关及做商品检验通关换单。出口企业通常要给委托报关机构留出两天的时间（船截关前）报关。接受委托的专业或代理报关机构要向委托出口企业获取正式的《报关委托书》。《报关委托书》以海关要求的格式为准。

《装柜清单》范本如表9-3所示，以供参考。

表9-3 装柜清单

货物名称		货物编号		货物数量	
口岸		船公司		船开截关时间	
船号		柜号		柜型及数量	

"代理报关委托书"范本如下，以供参考。

代理报关委托书

编号：

我单位现 　　（A. 逐票，B. 长期）委托贵公司代理 　　等通关事宜，（A. 填单申报，B. 辅助查验，C. 垫缴税款，D. 办理海关证明联，E. 审批手册，F. 核销手册，G. 申办减免税手续，H. 其他）详见《委托报关协议》。

我单位保证遵守《中华人民共和国海关法》和国家有关法规，保证所提供的情况真实、完整，单货相符。否则，愿承担相关法律责任。

本委托书有效期自签字之日起至 　　年 　　月 　　日止。

委托方（盖单）：

法定代表人或其授权签署"代理报关委托书"的人（签字）：

年 　　月 　　日

委托报关协议

为明确委托报关具体事项和各自责任，双方经平等协商签订协议如下。

委托方		被委托方	
主要货物名称		*报关单编码	NO.：
HS 编码 □□□□□□□□□□		收到单证日期	年　月　日
货物总价		收到单证情况	□合同　　　□发票
进出口日期　　年　月　日			□装箱清单　□提（运）单
提单号			□加工贸易手册　□许可证件
贸易方式		其他：	
原产地/货源地		报关收费　　人民币：　　　元	
其他要求：		承谨说明：	
背面所列通用条款是本协议不可分割的一部分，对本协议的签署构成了对背面通用条款的同意。		背面所列通用条款是本协议不可分割的一部分，对本协议的签署构成了对背面通用条款的同意。	
委托方业务签单： 经办人签章： 联系电话：　　　　年 月 日		被委托方业务签单： 经办人签章： 联系电话：　　　　年 月 日	

（白联：海关留存。黄联：被委托方留存。红联：委托方留存）　　　中国报关协会监制

第四节　大力配合海关查验

海关查验是指海关接受报关单位的申报后，依法为确定出境货物的性质、原产地、货物状况、数量和价值是否与货物申报单上已填报的详细内容相符，对货物进行实际检查的行政执法行为。查验是国家赋予海关的一种依法行政的权力，也是通关过程中必不可少的重要环节。

一、查验地点在哪里

海关查验货物一般在海关监管区内的进出口口岸码头、车站、机场、邮局或海关的其他监管场所进行。对大宗散装货、危险品、鲜活商品、落驳运输的货物，经进出口收发货人的申请，海关也可结合装卸环节在作业现场予以查验放行。在特殊情况下，如成套设备、精密仪器、贵重物资、急需急用物资以及"门到门"运输的集装箱货物等，经进出口收发货人或其代理人提出申请，海关审核同意，也可派员到规定的时间和场所以外的工厂、仓库或施工工地查验货物。

二、查看验货记录

海关查验货物后均要填写一份验货记录，一般包括查验时间、地点、进出口货物的收发货人或其代理人名称、申报的货物情况，以及查验货物的运输包装情况（如运输工具名称、集装箱号、尺码和封号）、货物的名称和规格型号等。

三、配合海关查验时要注意什么

出口企业配合海关查验时应注意以下事项。

（1）海关查验进出口货物时，发货人应当到场，并按照海关的要求负责搬移货物、开拆和重封货物包装等。

（2）在海关查验时，跟单员应随时答复海关查验人员提出的问题或提供海关需要的相关单证，配合海关的查验监管活动。

（3）海关在查验过程中如发现走私违规情形，出口企业相关人员应积极配合海关进行调查。

（4）出口企业要求海关派员到监管区域以外办理海关手续，要事先向海关申请。

（5）海关在查验进出口货物时造成的损坏，出口企业可向负责查验的海关提出赔偿要求，并办理有关手续。

第五节 如何缴纳关税和有关税费

根据《中华人民共和国海关法》的有关规定，进出口货物除国家另有规定外，均应征收关税。关税由海关依照《中华人民共和国海关进出口税则》征收。需要征税费的货物自接受申报之日起一日内开出税单，并于缴核税单两小时内办结通关手续。

（1）经海关审核报关单，并查验货物无误后，海关根据申报的货物计算税费，打印纳税缴款书和收费票据。

（2）发货人或其代理人凭海关签发的纳税款书和收费单据在限定的时间内（收到纳税缴款书后15日内）向指定银行缴纳税费，或在网上进行电子支付，以便海关在出口装货单上盖"海关放行章"，出口货物的发货人凭此装船起运出境。

第六节 货物放行，还需复核

待以上手续都办理完毕，海关就会放行货物。

放行意味着进出口货物可解除海关现场监管，尤其是一般贸易进出口货物，海关放行即结关。海关在口岸放行是对整个监管程序进行复核的重要环节，复核内容如下。

（1）通关程序是否合法，手续是否齐全，各项签章是否完整、有效。

（2）申报单证是否齐全、有效，是否有遗漏。

（3）海关查验进出口货物的记录和批注是否准确，是否符合规范。

（4）应税、应费进出口货物缴纳税费的情况。

（5）属于担保放行或缓税处理的进出口货物的手续是否合法。

（6）有关监管货物的登记、备案是否完整、正确。

（7）构成走私违规行为的是否已经处罚。

海关放行后，在浅黄色的出口退税专用报关单上加盖"验讫章"和已向税务机关备案的海关审核出口退税负责人的签章，退还报关单位。

第七节　需要退关怎么办

退关又称"出口退关"，是指出口货物在向海关申报出口后被海关放行，但因故未能装上运输工具，发货人请求将货物退运出海关监管区域不再出口的行为。

一、退关如何申报

申请退关货物的发货人应当在自退关之日起三日内向海关申报退关原因，经海关核准后方能将货物运出海关监管场所。已征出口税的退关货物可以在自缴纳税款之日起一年内提出书面申请，陈述理由，连同纳税收据向海关申请退税。

二、不同情况的退关怎样处理

如果全部货物未出口，海关审批后按退关处理，重新办理出口报关手续；如果部分货物未出口，海关对原申报出口的货物做全部退关处理，然后再对实际出口的货物办理重新报关手续。

出口报关关键点

跟单员在办理出口报关时应把握以下要点。

◆ 如果将报关事项委托报关机构办理，必须将各种所需单证尽早寄至报关行，以便整理审核，最晚不迟于报关前两天寄到。

◆ 报关单的内容应与装箱单、发票、合同内容一致，做到单单相符。

◆ 网上电子报关时必须仔细审核报关单，争取一次成功。

◆ 必须在货物运抵海关监管区后、装货24小时前申报报关。

◆ 需要查验的货物自接受申报之日起一日内开出查验通知单，自具备海关查验条件之日起一日内完成查验，除需缴税外，自查验完毕四小时内办结通关手续。

◆ 海关查验货物时，货物的发货人或其代理人必须到场。

◆ 海关对出口货物进行查验并放行后，如果部分货物未能装载上原申报的运输工具，发货人应及时向海关递交《出口货物报关单更改申请单》及更正后的装箱单发票、提单副本。

◆ 如果要退关，应当在自退关之日起三日内向海关申报。

第十章　出货前后，跟单最要紧

第一节　出货跟单有哪些步骤

跟单员要经常跟进订单生产进度，在交货期前十天左右预计是否可以按时交货，如可以，就要准备向货代订舱，同时安排验货人员验货。验货合格后，在规定的日期内安排出货。

出货跟单流程及要点说明如表10-1所示。

表10-1　出货跟单流程及要点说明

流程	要点说明	备注
找好货代	选择好的货代，并配合其工作	提前就货运相关事宜与货代进行沟通
租船订舱	根据出口货物的数量多少确定租船还是订舱，并办理相关托运手续	拿到入舱单时，还要了解截关时间、入舱报关要求等内容
制作装箱单	必须严格按照信用证要求制作装箱单	
接待客户或第三方验货	跟单员要全程陪同客户或第三方验货，并处理相关事宜	做好验货前的准备工作
安排拖柜	向拖车公司传真相关资料并预计其到厂时间	
跟踪装柜	协助生产部门组织相关人员装柜	监督具体的装柜作业过程
出货后跟踪	及时向国外买方发出装运通知	随时掌握货物的运输状态，跟进客户收货
获取运输文件	及时支付各种运杂费，并通知船公司出单	收到提单样本要仔细核对

第二节　找到好的货运代理了吗

货代即货运代理，通过接受发货人的委托，以委托人的名义为其办理国际货运及相关业务，并收取相应报酬。

一、货代能帮你做什么

（一）为发货人服务（出口商）

货代通常为发货人提供以下服务。

(1) 以最快、最节省的运输方式安排合适的货物包装，选择货物运输路线。

(2) 向客户建议仓储与分拨。

(3) 选择可靠、效率高的承运人，并缔结运输合同。

(4) 安排货物的计重和计量。

(5) 办理货物保险。

(6) 安排货物拼装。

(7) 在装运前或目的地分拨货物之前把货物存仓。

(8) 安排货物到港口的运输，办理海关和有关单证手续，并把货物交给承运人。

(9) 代表托运人/进口商承付运费、关税。

(10) 从承运人处得到各种签署的提单，并将其交给发货人。

(11) 监督货物运输进程，并使托运人知晓货物去向。

（二）为收货人服务（进口商）

货代通常为收货人提供以下服务。

(1) 报告货物动态。

(2) 接收和审核所有与运输相关的单据。

(3) 提货和支付运费。

（4）安排进口报关，支付税费及其他费用。

（5）安排运输过程中的存仓。

（6）向收货人交付已结关的货物。

（7）协助收货人储存或分拨货物。

二、好的货代应具备什么条件

好的货代通常具备以下条件。

（一）熟知海运地理常识

首先，货代作为国际货运代理人，由于船舶进出于不同国家，所以，必须熟知世界地理及航线，以及港口所处位置、转运地及其内陆集散地。其次，货代还应了解国际贸易的模式及其发展趋势、货物流向等，如西欧和美、加、日等工业化程度较高的国家和地区大量从发展中国家和地区进口原材料，并向这些国家和地区出口工业制成品。

（二）熟知不同类型运输方式对货物的适用性

航运有四种运输方式：班轮运输、租船运输、无船承运人运输和多式联运。班轮运输的特点是定时间、定航线、定港口顺序和定费率；租船运输是不定期运输，不设固定的航线和时间表，按照航运市场供求关系，可以在任何航线上从事营运业务，运价可协商，适合于大宗散货承运；无船承运人运输是指从事定期营运的承运人并不拥有或经营海上运输所需的船舶，无船承运人相对于实际托运人是承运人身份，但相对于实际承运人又是托运人的身份；多式联运是指由两种及两种以上的交通工具相互衔接、转运而共同完成的运输过程。对于货主或托运人而言，选择适当的运输方式要考虑如下几方面的因素。

（1）运输服务的定期性，如货物须在某一固定时间内运出则应选择班
　　　轮运输。

（2）运输速度。

（3）运输费用，当运输时间和运输速度不是托运人或货主考虑的主要因素时，运价就成为重要的考虑因素了。

（4）运输的可靠性，选择货运所要托付的船公司前，应考察其实力和信誉，以减少发生海事欺诈的可能性。

（5）经营状况和责任，如某一船舶所有人对船舶享有所有权，而事实上他将船舶抵押给银行，并通过与银行的经营合同而成为经营人。一旦发生运输纠纷，这将会对货主利益带来不利影响。

（三）了解不同类型船舶对货物的适应性

货代必须了解船舶特征，如了解船舶登记国和吨位、总登记吨（GRT）、净登记吨（NRT）、散装窖、包装窖、总载重吨（DWT）、载重线、船级等方面的知识，最好能了解几种货船类型，如班轮、半集装箱船、半托盘船、散货船、滚装船及全集装箱船等。

（四）熟知航运法规

货代除了解《海牙规则》、《威斯比规则》、《汉堡规则》以外，最好还要了解货物出口地或目的港国家或地区的海运法规、港口操作习惯等。

（五）熟练制作海上货物运输单证

货代要会熟练制作海上货物运输单证，主要包括提单、海运单、舱单、发货单、提货单、装箱单、港站收据、大副收据等，并要确保其制作正确、清晰和及时。

（六）熟知海关手续和港口作业流程

在进出口贸易中，清关是货代的一项传统职能。在货代与海关当局及其客户的双重关系中，对于货代的法律地位，各国的规定不尽相同，但海关代理通常是由政府授权的。所以，出口企业一定要考虑货代作为海关代理的身份，确保其具有履行客户和海关当局双方职责的能力。货代熟知海关手续和港口作业流程是非常重要的。

三、慎重比较，挑选货代

（一）搜集货代信息的途径有哪些

从事货运代理的公司很多，在选择货代前，需要搜集各种货代信息以比较、筛选。其主要途径如下。

（1）网上发布信息，吸引相关货代公司主动联系。

（2）登陆各种外贸论坛，如福步论坛，与论坛人员交流，了解各种货代的优、劣势。

（3）使用百度、雅虎等搜索引擎，输入关键词。

（4）通过朋友介绍。

（二）怎样筛选货代

搜集完货代信息后，就要对其进行初步筛选，主要可从优势航线、航运价格和服务水平三方面考虑，要点如表10-2所示。

表10-2　货代的初步选择

序号	考虑因素	要点
1	优势航线	了解不同货代的主营航线
2	航运价格	（1）注意比较不同货代的航线运价 （2）在比较运费时，要明确运费价格的组成 （3）尽量选择"All In"价（"All In"价包括运费、杂费的总和）
3	服务水平	（1）主要了解货代是否掌握专业知识和具体的业务操作流程 （2）通过网络搜索、其他客户评价等方式了解货代的服务质量

相关知识

了解货代收费

选择货代时，要了解货代运费的构成，能分辨出货代收费中哪些是合理的、哪些是巧立名目收取的。

1. 运费的构成

货代运费除了纯粹的价格运费外，还包括各种杂费，这些杂费有些是船东收取的，有些是出货港/目的港码头收取的，还有些是货代自己巧立名目收取的。很多费用并没有明确的标准，非常灵活。除了向发货人收取外，有些费用还会向收货人（即买方）收取。所以，跟单员要明确各项费用组成，判断哪些是合理的，哪些是不应由公司承担的，以此选择诚信、有保障的货代，维护公司利益。

2. 常见杂费

通常来说，杂费主要包括以下几种。

（1）ORC：Origin Receiving Charge，起运港码头附加费。

（2）DDC：Destination Delivery Charge，目的港提货费。

（3）THC：Terminal Handling Charge，码头操作（吊柜）费。

（4）BAF：Bunker Adjusted Factor，燃油附加费，或称"FAF"（Fuel Adjusted Factor）。

（5）CAF：Currency Adjustment Factor，货币贬值附加费。

（6）DOC：Document，文件费。

（7）PSS：Peak Season Surcharge，旺季附加费。

（8）AMS：America Manifest System，美国舱单系统附加费。

以上这些费用收取项目会根据时间和航线不同做调整，但全行业基本固定，也就是说，收与不收是行业统一的，如果其他货代都不收，就某个货代收取，那么跟单员就需要慎重考虑了。

（三）确认合作货代

对货代进行初步筛选后，跟单员要与可能合作的几家货代进行商谈，并最终确定合作的货代。一般来说，初步筛选时主要从航线、服务水平进行考虑，以确保能如期交货；最终选择时主要考虑航运价格，所以要就价格与货代协商好。

跟单员讲价时要从节省运费开支的角度出发，但也不能太过苛刻，具体应注意以下事项。

（1）由于货运淡旺季和油价的变动会导致航运价格有所变动，因此在询问价格的时候，要告知其大致的出货时间，请货代告知可能的运费变动趋势。

（2）一些货代急于招揽生意，询问他们的时候总是会说"要尽快订舱，下个月会涨价"等，跟单员对这种货代不必理睬。

（3）跟单员要多问几家货代了解实际价格趋势，并选择那些能够如实相告、提供合理建议的货代进行合作。

四、如何与货代打交道

跟单员找好货代，谈好价格以后，就要积极配合货代的工作，把运输安排得稳妥周详，只要条件允许，跟单员的工作就要提前一点，以留给货代足够的时间来操作。一般来说，委托货代运输的过程如下。

（1）向货代订舱。

（2）货代传真货物进仓通知。

（3）对于整柜货物，货代安排集装箱拖车；对于拼柜货物，出口企业按照货代进仓通知的指示按时送进指定仓库。

（4）跟单员及时把报关资料（即报关所需的发票、装箱单、报关单、核销单及其他所需单证）交给货代，委托货代报关。如果是出口企业自行报关，则在货代规定的时限内完成报关。

（5）出口企业在报关装船的同时，与货代核对提单内容，把客户对提单的种种要求告知货代，请货代按照要求制单。货代以最后确认的内容、格式出具提单。

(6) 船开后，货代通知出口企业所需费用，并出具运费发票。出口企业要及时付清费用，取得提单。

(7) 一个月左右的时间，出口企业报关时交给海关的报关单和一部分核销单退回来。如果是委托货代报关的，货代应将这些单据及时转交出口企业，以便出口企业办理核销事宜。

企业出货的时间安排很有讲究，一般采取倒推计算方法，先确定最后期限，再根据操作步骤倒推。

案例

出货时间安排

一家出口企业与客户拟定 8 月 18 日出货，货物运往澳大利亚的悉尼港口。出货港口每逢周二、周五有船开往悉尼。经查 8 月 18 日是周四，之前最接近的航次是 8 月 16 日周二的船。这样一来，8 月 16 日是这家出口企业在实际操作中的最后交货日（可能的话，最好安排提前一个航次出货，如 8 月 12 日周五的船。这样即使届时有意外情况赶不上船，还可以选择 8 月 16 日的航次，在期限内完成交货）。

如选择 8 月 16 日的船，按照规定必须提前半天到一天截止装船，更须提前一两天完成报关装船事宜。因此，一般情况下，这家出口企业应在 8 月 14 日左右把货物运至码头并完成报关。而在本案例中，8 月 14 日逢周日，为稳妥起见，最好在上周五，即 8 月 12 日完成报关。考虑到订舱及安排拖车装柜需要时间，这家出口企业应在 8 月 9 日左右向货代订舱，8 月 12 日左右完成报关，8 月 16 日如期装船。可见，合同约定 8 月 18 日交货的，在实际操作中 8 月 9 日就要着手开始准备了。

了解了出货时间安排的过程，基本上就理解了时间安排的惯例，即一般提前一周订舱，提前两天完成货物进仓和报关事宜。

其中，需要跟单员格外注意的就是节假日和周末，因为报关出运需要出口方、货代、码头、海关等几方操作，节假日和周末特别容易造成配合与联系上的脱节，尤其春节、"五一"、"十一"长假是海运出货最容易出问题的时段，而一旦出现问题将无法及时解决。因此，在与客户订立合同的时候，最好避免在假期内出货。确实需要在假期内出货的，首先要把与各相关机构的衔接工作在假期前解决，同时与货代、工厂之间保持密切联系，索要经手人的手机号码等应急联系方式，预先理顺操作环节，预计可能的意外并准备必要的应急预案。

第三节　如何租船订舱

在货物交付和运输过程中，如货物数量较大，可以洽租整船甚至多船来装运，这就是"租船"；如果货物量不大，则可以租赁部分舱位来装运，这就是"订舱"。

一、价格术语不同，操作方法也不同

根据合同中不同的价格术语，具体租船订舱时应遵循各自的要点，具体内容如图10-1所示。

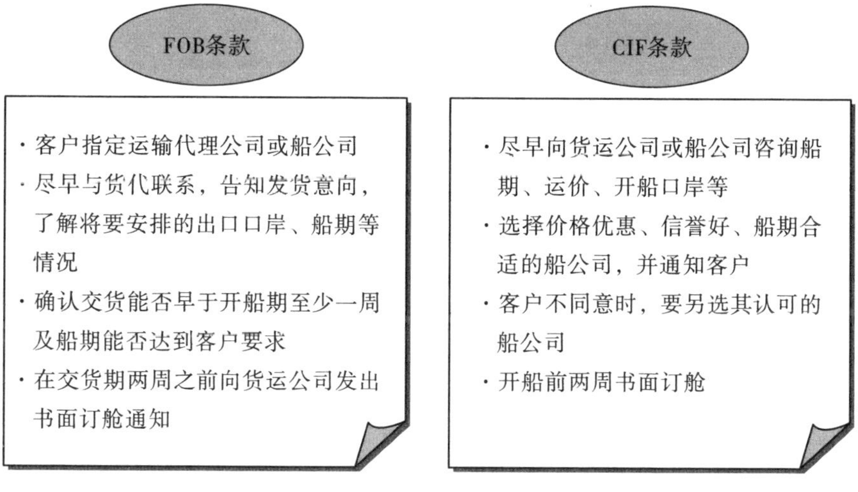

FOB条款

- 客户指定运输代理公司或船公司
- 尽早与货代联系，告知发货意向，了解将要安排的出口口岸、船期等情况
- 确认交货能否早于开船期至少一周及船期能否达到客户要求
- 在交货期两周之前向货运公司发出书面订舱通知

CIF条款

- 尽早向货运公司或船公司咨询船期、运价、开船口岸等
- 选择价格优惠、信誉好、船期合适的船公司，并通知客户
- 客户不同意时，要另选其认可的船公司
- 开船前两周书面订舱

图10-1　租船订舱操作要点

二、租船订舱一定要填写托运单

（一）填写托运单

跟单员委托货运公司办理托运手续，填写托运单。托运单也称"订舱委托书"，递送货运公司作为订舱依据。托运单范本如表10-3所示，以供参考。

表10-3　托运单

制表日期：　　年　　月　　日

委托单位：　　　　　　　　　　　　　　　　　　　代运编号：

装运港	目的港	合同号	国别	委托单位编号
标记 及号码	件数及 包装式样	货名规格 及型号	重量 （千克）	尺码（立方米）
			毛重：	总体积：
			净重：	单件： （尺码不一时须另附表） 长　宽　高
托运人（英文） SHIPPER：				需要提单正本　份 副本　份
收货人（提单抬头） CONSIGNEE：				信用证号：
通知人（英文） NOTIFY：				装期： 效期： 可否转运：NOT 可否分批：NOT

（续表）

代发装船电报的电挂；地址（英文）：	运费支付： FREIGHT PREPAID
特约事项： NOTIFY APPLICANT	随附单据： 出口货物报关单　　　份 发票　　　份 装箱单（重量单）　　　份 尺码单　　　份 信用证副本　　　份 商检证　　　份 出口许可证　　　份
装船情况 船名： 航次： 装出日期： 提单号：	货物情况：

公司联系人：　　　　　　　　TEL：　　　　　　　　FAX：

　　托运单（SHIPPING NOTE，B/N）在有些地方也被称为"下货单"，是托运人根据贸易合同和信用证条款内容填制的，向承运人或其代理办理货物托运的单据。承运人根据托运单内容，并结合船舶的航线、挂靠港、船期和舱位等条件考虑，认为合适后即接受托运。托运单的填写要点如表10-4所示。

表10-4 托运单的填写要点

序号	项目	填写要点
1	目的港	目的港名称须明确具体，并与信用证描述一致，如有同名港口时，须在港口名称后注明国家、地区或州、城市。如信用证规定目的港为选择港（OPTIONAL PORTS），则应是同一航线上、同一航次挂靠的基本港
2	代运编号	代运编号即委托书的编号，每个具有进出口权的托运人都有一个托运代号（通常也是商业发票号），以便查核和财务结算
3	标记及号码	标记和号码又称"唛头"（SHIPPING MARK），可便于识别货物，防止错发货，通常由型号、图形、收货单位简称、目的港、件数、批号等组成
4	重量、尺码	重量单位为千克，尺码单位为立方米。托盘货要分别注明盘的重量、尺码和货物本身的重量、尺码，对超长、超重、超高货物应提供每一件货物的详细体积（长、宽、高）以及每一件货物的重量，以便货运公司计算货物积载因素，安排装货设备
5	可否转运、分批以及装期、效期	可否转运、分批以及装期、效期，均应按信用证或合同要求一一注明
6	收货人、通知人	收货人和通知人按需要决定是否填写
7	特约事项	订舱，配载信用证或客户有特殊要求要一一列明

（二）货代办理托运

货代公司接受托运后，即可向承运单位或其代理办理租船订舱业务。

待承运人（船公司）或其代理人签发装货单后，货运代理机构填制显示船名、航次和提单号码的配舱回单，连同装货单、收货单一起交给出口企业，托运工作即告完成。

第四节　如何制作装箱单

装箱单是发票的补充单据，它列明了信用证（或合同）中买卖双方约定的有关包装事宜的细节，便于国外买方在货物到达目的港时供海关检查和核对货物，通常可以将其有关内容加列在商业发票上，但是信用证有明确要求时，就必须严格按信用证约定制作。

一、制作要点

不同公司的装箱单格式不一样，但一般都包括出货的品名、规格、数量、箱数、净重、毛重、包装尺寸、体积、箱号、唛头等。

表 10-5 为一个装箱单范本，以供参考。

表 10-5　PACKING LIST

TO：

NO. ：

CONTRACT NO. ：

DATE：

FROM：　　　　　　TO：

MARKS & NOS	COMMODITY	QUANTITY	N. W.	G. W.	MEASUREMENT
TOTAL AMOUNT：					

　　　　　　　　　　　　　　　　SIGNATURE：

装箱单在制作时应遵循表10-6的要求。

表10-6　装箱单制作要点

序号	单据项目	制作要点
1	装箱单名称	应按照信用证规定命名，通常用 PACKING LIST，PACKING SPECIFICATION，DETAILED PACKING LIST
2	编号	必须与发票号码一致
3	合同号	注明货物的合同号或者销售确认书编号
4	唛头	与发票一致，也可以只注明"AS PER INVOICE NO. ×××"
5	箱号	按照信用证要求注明包装件编号
6	货号	必须与发票内容一致
7	货物描述	保持与发票一致，货物名称如有总称，应先注明总称，然后逐项列明详细货名
8	数量	应注明箱内每件货物的包装件数
9	毛重	注明每个包装件的毛重和此包装件内不同规格、品种货物各自的总毛重，最后在合计栏处注明总重量
10	净重	注明每个包装件的净重和此包装件内不同规格、品种货物各自的总净重，最后在合计栏内注明总重量
11	箱外尺寸	注明每个包装件的尺寸
12	合计	此栏是对箱号、数量、毛重、净重等栏的合计，以大写文字写明总包装数量，且必须与数字表示的包装数量一致
13	出票人签章	由出口公司的法人代表或者经办制单人员代表公司在装箱单右下方签名，上方空白栏填写公司英文名称，下方则填写公司法人英文名称

二、不可忽略细节

跟单员制作装箱单时应注意以下事项。

（1）有的出口公司将两种单据的名称印在一起，当来证仅要求出具其中一种时，应将另外一种单据的名称删去。单据的名称必须与来证要求相符。如信用证规定为"WEIGHT MEMO"，则单据名称不能用"WEIGHT LIST"。

（2）单据的各项内容应与发票和其他单据内容一致，如装箱单上的总件数和重量单上的总重量应与发票、提单上的总件数和总数量一致。

（3）包装单所列的情况应与货物的包装内容完全相符。

（4）如来证要求提供"中性包装清单"（NEUTRAL PACKING LIST）时，装箱单应由第三方填制，不要注明受益人的名称。这是由于进口商在转让单据时不愿将原始出口商透露给其买主，所以才要求出口商出具中性单据。如来证要求用"空白纸张"（PLAIN PA-PER）填制这两种单据时，在单据内一般不要表现出受益人及开证行名称，也不要加盖任何签章。

第五节　如何接待客户或第三方验货

如果是客户自己验货，跟单员要在交货期一周前约客户验货，并将验货日期告知生产部（或生产厂家）；如果客户指定由第三方验货公司或公证行等验货，跟单员要在交货期两周前与验货公司联系，预约验货时间，确保在交货期前验货完毕。

一、验货的准备工作有哪些

在验货前要做好以下准备工作。

（一）了解验货标准

如果合同规定客户验货或第三方验货，则跟单员要在客户订货后要求客户或第三方验货公司提供一套验货标准。

（二）了解验货内容

跟单员了解了验货内容就能在验货时做到心中有数。一般来讲，验货内容主要包括如下：在客户或第三方正式验货前，跟单员要提前了解订单情况，如整批货是否完成？如没有完成，那完成了多少？已打好包装的成品有多少？没完成的是否正在生产？如货物正在生产中，客户或第三方可能要求观看生产过程。对已完成的货物，客户或第三方会拍照和查看堆放情况并点数（点箱数/卡板数），注意，这些情况都要写在验货报告备注上。

二、要派人配合验货

跟单员要提前通知相关部门将所验货品准备好，并派人协助搬运、开箱等工作。在客户或第三方验货时，跟单员要全程陪同跟踪，并回答验货人员的各种问题，确保验货正常进行。

三、第三方验货人员刁难应怎样应对

在产品生产之前，跟单员一定要与客户就相关检验文件达成一致，以防止第三方验货人员刁难。

如果在实际验货时，第三方验货人员硬是要违背文件相关严加要求，跟单员就要请他们在提出问题的样品上签字并写明原因，作为今后申诉或仲裁的依据。

第六节　怎样做到用最少柜装最多货

排柜的目的是尽量降低海运费，例如，20 英尺柜和 40 英尺柜都可以装下一批货物，我们一般会选择 20 英尺柜，因为 20 英尺柜的各项费用比 40 英尺柜低。如果客户订单项下的产品规格、型号比较多，尺寸也不一样，跟单员需要仔细计算，选择最经济、最合适的柜型装载尽可能多的货物。

一、货柜尺寸分门别类

货柜共分两种规格，40 英尺柜和 20 英尺柜两种。20 英尺柜的外尺寸为 20 英尺×8 英尺×8 英尺 6 吋；40 英尺货柜的外尺寸为 40 英尺×8 英尺×8 英尺 6 吋。此外，40 英尺柜及 20 英尺柜还分高柜及一般柜。表 10-7 是集装箱尺寸基本情况一览表。

表 10-7 集装箱尺寸基本情况一览表

序号	柜别	内尺寸	配货毛重	体积
1	20 英尺柜	5.69 米×2.13 米×2.18 米	一般为 17.5 吨	24 ~ 26 立方米
2	40 英尺柜	11.8 米×2.13 米×2.18 米	一般为 22 吨	54 立方米
3	40 英尺高柜	11.8 米×2.13 米×2.72 米	一般为 22 吨	68 立方米
4	20 英尺冻柜	5.42 米×2.26 米×2.24 米	一般为 17 吨	26 立方米
5	40 英尺冻柜	11.20 米×2.24 米×2.18 米	一般为 22 吨	54 立方米
6	40 英尺高冻柜	11.62 米×2.29 米×2.50 米	一般为 22 吨	67 立方米
7	45 英尺冻柜	13.10 米×2.29 米×2.50 米	一般为 29 吨	75 立方米
8	20 英尺开顶柜	5.89 米×2.32 米×2.31 米	一般为 20 吨	31.5 立方米
9	40 英尺开顶柜	12.01 米×2.33 米×2.15 米	一般为 30.4 吨	65 立方米
10	20 英尺平底货柜	5.85 米×2.23 米×2.15 米	一般为 23 吨	28 立方米
11	40 英尺平底货柜	12.05 米×2.12 米×1.96 米	一般为 36 吨	50 立方米
12	45 英尺高柜	13.58 米×2.34 米×2.71 米	一般为 29 吨	86 立方米

二、排柜有"巧"可"取"

跟单员排柜时应注意以下事项。

（1）计算货物外箱体积时，在外箱实际尺寸的基础上长、宽、高各加1厘米，以此为标准计算单个外箱的体积。

（2）20英尺柜的体积一般是24~26立方米，跟单员要注意货物体积不要超过26立方米；40英尺柜的体积上限是54立方米，45英尺高柜的体积上限是76立方米。这里所说的上限是指实际能装货物的体积，并不是柜子内部的空间体积，因为装柜时有空间浪费，不可能100%利用空间。

（3）每类柜子的重量是有限制的，货物的毛重不能超过其限制，尤其要考虑不同国家的具体规定。

（4）要尊重客户的要求，如唛头朝柜门口、同一个款号要堆放在一起等。

（5）要考虑到海关查验的需要。

案例

如何正确排柜

某工厂有一批需要排柜的货物，要用一种滑托板打包装，箱子的尺寸是56厘米×30厘米×40厘米，总共有610箱。客户要求高度不能超过1.2米。现订购滑托板的尺寸是1 120毫米×900毫米，堆两层，高度是800毫米。每个滑托板装12个箱子，大概需要51个滑托板。这批货物准备装40英尺柜，用以下的排柜方法可有效利用空间。

（1）堆两层。第一层每托高3层，共18箱一托，第二层每托高2层，共12箱一托。总高度是0.4×3+0.8=2米。

（2）排两列，每托的宽度是0.9米，共1.8米宽。

（3）每列排10行，共11.2米长。

第一层：20托×18箱=360箱。

第二层：20托×12箱=240箱。

合计600箱，余下的10箱可以放在空隙里。

三、列明货柜安排

跟单员应将排柜情况用表格形式列明，并将该表格交给工厂，以便相关人员做好准备。

"货柜安排情况表"如表10-8所示。

表10-8　货柜安排情况表

客户名：　　　　　　　　　　　订单号：

货柜类型：　　　　　　　　　　到厂日期：

序号	型号/规格	每箱产品数量	箱数	体积

四、联系拖车公司

安排好货柜之后，跟单员就可以委托拖车公司提柜、装柜。

（1）跟单员应选择安全可靠、价格合理的拖车公司签订长期合作协议，以确保提柜、装柜安全、准时。

（2）跟单员要向拖车公司传真以下资料：订舱确认书/放柜单、船公司名称、订舱号、拖柜委托书，并注明装柜时间、柜型及数量、装柜地址、报关行及装船口岸等。

第七节　跟踪装柜，全程监督

在货物装柜时，跟单员要进行全程监督，注意检查每一个环节，确保装柜顺利完成。

一、装柜前的跟踪

出货前一天，跟单员要通知有关人员确定出货数量的准确性。到出货日，跟单员要跟踪货柜车是否到厂，如没到厂则与船公司联系，询问具体情况，确认何时可以到厂，最好拿到货柜车司机的联系电话，以便直接联系。

二、监督装柜很重要

货柜到厂后，跟单员要监装，指导货物摆放。如果一个柜内有几种货，每一规格的产品要留一两箱放于货柜尾部，以便于海关查货。

三、提货单要司机确认

待货物快装完时，跟单员要为每一个货柜填制一份提货单（如表 10-9 所示），待装货完毕后要求货柜司机签名确认。告知司机报关地点、报关员联系电话。如有报关资料，跟单员可请货柜司机带给报关员，并做好签收工作。

表 10-9　提货单

客户：　　　　　　　　　　　　　　　　　　　　订单号：

序号	品名	产品代码	规格/型号	颜色	数量	箱数
总计						
货柜公司			货柜号码			
提货车牌			提货人			

业务主管：　　　　　　　　仓库：　　　　　　　　制单：

四、通知放行

货柜司机办理完出货手续后，跟单员通知保安放行。为确保安全，许多工厂都设置了保安人员，并制定了相关的物品出入管理制度与表单，任何人都必须遵守，客户也不例外。所以，跟单员应将当日出货事宜告知保安人员，并填写好放行条。

第八节　货物装运后，跟单还未结束

货物装运并不等于一切都结束了，跟单员还有许多工作要做，有运输方面的、客户收货方面的，还有企业内部有关出货事务方面的。

一、何时发出装运通知

跟单员在货物装船后应及时向国外买方发出装运通知，以便对方准备付款赎单，办理进口报关和接货手续。

装运通知的内容一般有订单或合同号、信用证号、货物名称、数量、总值、唛头、装运口岸、装运日期、船名及预计开航日期等。在实际业务中，应根据信用证的要求和客户的习惯做法将上述项目适当地列明在电文中。

二、需掌握哪些运输状态信息

在出货以后，跟单员应通过有效的反馈系统掌握与货物相关的运输状态信息，这些信息主要包括如下。

（1）运输安全保障状态如何，是否会发生意外。

（2）通关是否顺利，如果不顺利需要采取哪些补救措施。

（3）运输效果如何，是否能够按预期计划交给客户。

（4）其他不可控因素，如发生火灾、地震等。

三、如何统计出货情况

跟单员要及时统计订单的实际出货情况，制作《出货统计表》（如表 10-10 所示），落实未完成事项，并把统计结果呈报相关责任部门和上级。

表 10-10　出货统计表

年　　月　　日

序号	订单号	客户	品名	规格/型号	数量	订单交期	实际出货日期	备注

核准：　　　　　　　　　审核：　　　　　　　　　制表：

四、客户收到货了吗

跟单员在货出工厂后要将所出货规格及数量等登记在《客户出货追踪表》（如表 10-11 所示）内；司机要将有接收者签名的《货运单》或《入舱单》回联带回，以便业务部门确认。

表 10-11　客户出货追踪表

订单号	客户名称	品名	规格	数量	出厂日期	装船日期	客户收到日期

跟单员在出货一段时间后，估计客户已收到货时，需将《收货确认单》（如表 10-12 所示）交给客户，要求其签名盖章确认后传回，表示货已收到。

表 10-12　收货确认单

客户名称：

为尽量减少与贵公司在对账中不必要的麻烦，请确认以下表格中所列产品是否如数收到。如收到，请在客户签名盖章处签名盖章，并请回传，多谢合作！

订单号：

产品编号	产品名称	产品规格	数量	箱数	出厂时间	运输方式	到货时间

客户签名盖章：　　　　　　　审核：　　　　　　　制单：

第九节　如何获得运输文件

跟单员在出货后要及时与船公司联系，并催促其出具提单样本及运费账单，以便做好结算工作。

一、催促船公司出单

跟单员最迟在开船后两天内要将提单补料内容传真给船公司或货运代理，催促其尽快开出提单样本及运费账单。补料要按照信用证或客户的要求来做，并写明正确的货物数量，以及特殊要求等，包括要求船公司随同提单开出装船证明等。

二、提单样本要仔细核对

跟单员在仔细核对样本无误后要向船公司书面确认提单内容。如果提单需客户确认的，要先传真提单样本给客户，得到确认后再要求船公司出具正本。

提单样本就是提单草稿，一般在船开后才会出具，然后传给托运人。因为可能存在打字错误等，所以要托运人再次核对确认，没有问题就写上"好"回传。托运人最好保证补料的准确性，因为提单更改的次数多了，有些公司也要收费。

提单的审核非常重要，否则会导致不必要的麻烦。跟单员需着重审核提单的以下内容：种类、份数、抬头、收货人、通知人、出单人、承运人、指示方、装货港、卸货港、货物描述、转船分批装运描述、清洁性描述、装船批注、背书描述，审核原则是要符合信用证要求、事实和常理。

三、运杂费要及时支付

跟单员在付款后要及时通知船公司取得提单等运输文件，对于支付的运费应做好登记工作，以便日后入账。《运费支付登记表》如表 10-13 所示。

表 10-13　运费支付登记表

订单号	客户名	装船日期	船公司	运杂费	支付情况	提单号

一般来说，跟单员要先付清运杂费才能拿到正本提单，所以付款要及时。付款可以使用现金或者支票。如果跟单员是用现金付款，将银行流水单传真给船公司就能证明已经付清了运杂费，可以让船公司寄出正本提单了；如果跟单员是用支票付款，支票到达后就可以要求船公司寄出正本提单。

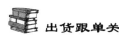 **出货跟单关键点**

跟单员在进行出货跟单时应把握以下要点。

◆ 如果合同中使用 FOB 条款，由于客户指定货代，出口商承担的国内杂费会高于 CIF 条款下的费用，但跟单员一定要注意审核，尤其要注意虚高的费用项目。

◆ 在交货期两周前向货运公司发出书面订舱通知。

◆ 向货运公司订舱时一定要传真书面订舱单，注明所定船期、柜型及数量、目的港等内容，以避免差错。

◆ 办理订舱手续时要力求准确无误，尽量避免加载（增加订舱数量）、退载和变载的情况发生。

◆ 装箱单填制的每项内容一定要准确无误，特别是品名、数量、重量等一定要与实物一致。

◆ 装箱单的内容应与发票和其他单据内容一致。

◆ 排柜时，毛重、净重的数据必须准确，一旦超过误差范围海关将会禁止出口。

◆ 排柜时，货物的体积绝不能超过货柜的上限，宁可有小部分空间浪费，也不要排得太多装不下。

第十一章 货已发，着手制单结汇

第一节 制单结汇有哪些步骤

按信用证付款方式成交时，跟单员在出口货物装船发运之后就要着手进行制单结汇工作了。如果配有专业单证员，跟单员只需协助制作单证即可；但如果没有专业单证员，跟单员就要自己着手制作各种所需单证。

制单结汇流程及要点说明如表 11-1 所示。

表 11-1　制单结汇流程及要点说明

流程	要点说明	备注
准备单证	弄清楚需要制作的单证种类	
制作单证	及时、正确、完整地制作各类单证	必须保证单单一致、单证一致
审核单证	通过横审、纵审确保所有单证的准确性	
交单结汇	在信用证规定的交单有效期内将全套单证送交议付银行办理结汇	单证的种类和份数与信用证的规定相符

第二节　要准备哪些结汇单证

结汇单证是指在国际结算中使用到的各种单据、文件与证书。

一、结汇单证分几种

结汇单证按照签发制作人的不同，可分为自制单证、官方单证和协作单证，具体说明如表11-2所示。

表11-2　结汇单证

序号	单证类型	具体说明
1	自制单证	包括汇票、发票、装箱单、受益人证明、装船通知等需由出口商自己出具的单证
2	官方单证	需由官方部门签证的单证，如《商品检验证明书》、《原产地证明书》、《一般产地证明书》和《普惠制证明书》等
3	协作单证	由出口商与船公司、保险公司协作出具的提单、船公司证明、保险单等

二、结汇单证，要哪些

跟单员要依据合同和信用证的要求确定每一张订单在结汇时所需的各类单证，并制作相应的单证一览表（如表11-3所示），以便制作单证时能参考。

表11-3　单证一览表

订单号：　　　　　　客户名称：　　　　　　信用证编号：

序号	单证名称	信用证要求	单证的特殊要求	所需份数	备注

相关知识

各种单证的日期关系

各种单证的签发日期应符合逻辑和国际惯例，通常提单日期是确定各单证日期的关键，汇票日期应晚于提单、发票等其他单证，但不能晚于信用证的有效期。各单证日期关系如下。

(1) 发票日期应在各单证日期之首。

(2) 提单日期不能超过信用证规定的装运期，也不得早于信用证规定的最早装运期。

(3) 保险单的签发日应早于或等于提单日期（一般早于提单日期两天），但不能早于发票日期。

(4) 装箱单应等于或迟于发票日期，但必须在提单日期之前。

(5) 产地证不能早于发票日期，不能迟于提单日期。

(6) 商检证日期不能晚于提单日期，但也不能早于提单日期，尤其是鲜货及其他容易变质的商品。

(7) 受益人证明应等于或晚于提单日期。

(8) 装船通知应等于或晚于提单日期后三天内。

(9) 船公司证明应等于或早于提单日期。

第三节 如何制作各类单证

跟单员在了解了结汇所需的各种单证后就要着手进行单证制作了。

一、单证必须正确、完整、及时、简明

制作各类单证必须正确、完整、及时、简明、整洁，具体说明如表11-4所示。

表11-4　单证制作要求

序号	制作要求	具体说明
1	正确	单证内容必须正确，符合信用证要求，真实反映货物的实际情况，且各单证的内容不能相互矛盾
2	完整	单证内容（需要哪些单证）、份数（提交几份）、种类（有无正副本要求、是否背书）必须完整
3	及时	制单应及时，以免错过交单日期或信用证有效期
4	简明	按信用证要求和国际惯例填写，力求简明，绝不能加列不必要的内容
5	整洁	(1) 单证版面应清楚、干净，不能出现涂抹现象，尽量避免或减少加签修改 (2) 单证的格式应设计合理，内容排列应主次分明，重点内容应醒目突出

二、单证制作顺序

跟单员在具体制作各种单证时，为保证不会遗漏项目、提高制作精确度，可采取"从上到下、从左至右"的方法。

（一）从上到下

从一张单证最上面的项目开始填写，填完上一行的项目再填下一行的项目。

（二）从左到右

填写各项目时，如果一行有多个纵向项目，则要遵循从左到右的原则填写。

此外，为了使单证的制作更有条理，跟单员可以自行设计制作跟踪表，将每一张订单的制单情况列表跟踪，每制完一单就可以在其完成情况栏内划一个"√"。《单证制作跟踪表》如表 11-5 所示。

表 11-5　单证制作跟踪表

订单号：

序号	单证名称	所需份数	单证日期	制作日期	完成情况	更改状况	备注

三、根据要求备齐发票

发票用途各有不同，跟单员在制作发票时应符合进口国的相关要求。

(一) 商业发票

商业发票是在货物装出时卖方开立的载有货物名称、数量、价格等内容的价目清单，是买卖双方交接货物和结算货款的主要单证，也是出口报关完税必不可少的单证之一。

商业发票是全套货运单据的关键，其他单据均参照商业发票内容缮制，因而制作商业发票不仅要求正确无误，还应排列规范、整洁美观。

虽然商业发票没有统一的格式，但一般都包含基本条款，表11-6对基本条款的制作进行了简要说明。

表11-6　商业发票的制作要点

序号	条款	填写注意事项
1	出口商信息	商业发票的顶端必须有出口商名称、地址、传真和电话号码，其中出口商名称和地址应与信用证一致
2	发票名称	在出口商名称下应注明"发票"（COMMERCIAL INVOICE 或 INVOICE）字样
3	发票抬头	发票抬头通常为国外进口商。在信用证方式下，除非另有规定，抬头应为开证申请人
4	发票号码	发票号码由出口商自行按顺序编制
5	合同号码和信用证号码	合同号码和信用证号码应与信用证所列一致，如信用证无此要求，也应列明

（续表）

序号	条款	填写注意事项
6	开票日期	开票日期不应与运单日期相距太远，但必须在信用证交单期和有效期之内
7	装运地和目的地	装运地和目的地应与信用证所列一致，目的地应明确具体，若有重名应写明国别
8	运输标志（唛头）	（1）来证有指定唛头的，按来证制作 （2）如无规定，由托运人自行制定 （3）以集装箱方式装运，可以集装箱号和封印号码取代 （4）运输单据和保险单上的唛头应与发票一致
9	货物描述	货物描述应符合合同要求，还必须和信用证所用文字完全一致。如需列明重量，应列明总的毛重和净重
10	单价和总值	单价和总值必须计算准确，与数量之间不可有矛盾，应列明价格条件，总值不可超过信用证金额的超值发票，否则银行可以接受，也有权拒收
11	附加证明	附加证明大致有以下几种 （1）加注费用清单：包括运费、保险费和FOB价 （2）注明特定号码，如进口许可证号 （3）注明原料来源地的证明文句
12	出单人名称	商业发票由出口商出具，在信用证方式下，出口商必须是受益人。《UCP 600跟单信用证统一惯例》规定，商业发票可以只标明出单人名称而不加签署。如需签字，来证中应明确规定，如"SIGNED COMMERCIAL INVOICE"

商业发票范本如下，以供参考。

商业发票

ISSUER： AAA TRADING CO. ，LTD. NO. 222 YINHU ROAD, LUOHU DISTRICT SHENZHEN	AAA 贸易公司 AAA TRADING CO. ，LTD. 商业发票 COMMERCIAL INVOICE	
TO： PACIFIC MILLENNIUM CO. ，LTD UNIT 116-7, SUN PLAZA 28, FIRSTAVENUE NEWYORK，U. S. A	NO. J H- FLSINV06	DATE NOV. 12, 2010
TRANSPORT DETAILS FROM SHENZHEN, CHINA TO NEWYORK， U. S. A	S/C NO. JH-FLSSC06	L/C NO. LC82H0010104
	TERMS OF PAYMENT L/C AT 30 DAYS AFTER SIGHT	

MARKS AND NUMBERS	DESCRIPTION OF GOODS	QUANTITY	UNIT PRICE	AMOUNT
FLS 9711 NEWYORK CARTON1 - 2000	FOREVER BRAND BICYCLE YE803 26'	2000PCS	USD70. 00/ PCS	USD140000. 00
TOTAL：		2000PCS	USD140000. 00	

SAY TOTAL: SAY U. S. DOLLARS ONE HUNDRED AND FOURTY THOUSANDS ONLY

THIS INVOICE IS IN ALL RESPECTS CORRECT & TRUE.

SIGNATURE：AAA TRADING CO. ，LTD.

（二）海关发票

海关发票是指进口国海关规定的进口报关必须提供的特定格式的发票，主要是作为估价完税、确定原产地、征收差别待遇关税或征收反倾销税的依据。海关发票主要在美国、加拿大、澳大利亚、新西兰及非洲的一些国家和地区使用。

海关发票由进口国海关统一制定并提供，所以在具体制作时应要求客户提供海关发票样式，并如实填写，具体的填写要点如下。

（1）凡海关发票与商业发票上共有的项目和内容必须一致，不得互相矛盾。

（2）对"出口国国内市场价格"一栏，应按有关规定审慎处理，因为，此价格的高低是进口国海关作为是否征收反倾销税的重要依据。

（3）如售价中包括运费或包括运费和保险费，应分别列明 FOB 价、运费、保险费各是多少，FOB 价加运费应与 CFR 货值相等，FOB 价加运费和保险费应与 CIF 货值相等。

（4）海关发票上的签字人和证明人不能为同一个人，他们均以各自身份签字，而且必须手签才有效。

（三）领事发票

领事发票是指出口方根据进口国驻出口国领事馆制定的固定格式并经领事馆签章的发票，主要用于部分拉丁美洲国家。领事发票中应注明的内容视信用证上发票认证的条款而定，一般须注明"装运货物是××（出口国）制造/出产"。

（四）厂商发票

厂商发票是指出口商所出具的以本国货币计算价格，用来证明出口国国内市场出厂价格的发票，其作用是供进口国海关估价、核税以及征收反倾销税。

厂商发票主要依据信用证规定与否填制，如果来证要求填写，则依海关发票有关国内价格的填写办法处理。填写厂商发票时应注意以下事项。

(1) 出票日期应早于商业发票日期。

(2) 价格为以出口国币制表示的国内市场价，填制方法与海关发票相同，但应注意出厂价不能高于发票货价，应适当打个折扣（一般按 FOB 价打九折或八五折），以免被进口国海关视为压价倾销而征收反倾销税导致巨大损失。

(3) 发票内应加注证明制造商的语句"WE HEREBY CERTIFY THAT WE ARE ACTUAL MANUFACTURER OF THE GOODS INVOICE"。

(4) 抬头人写出口商，但出单人为制造厂商，应由厂方负责人在发票上签字盖章。

(5) 货物出厂时一般无出口装运标记，除非信用证有明确规定，厂商发票不必制作唛头。

厂商发票范本如下，以供参考。

厂商发票

TO:	MANUFACTURER'S INVOICE	
FROM:	NO. :	PLACE： DATE：
TO:	S/C NO. :	L/C NO. :
MARKS AND NUMBERS	QUANTITY	UNIT PRICE	AMOUNT
SAY TOTAL:			
WE HEREBY CERTIFY THAT WE ARE ACTUAL MANUFACTURER OF THE GOODS IN-VOICE.			
SIGNATURE:			

四、如何制作汇票

汇票是指出票人签发的，委托付款人见票即付或者在指定日期无条件支付确定的金额给收款人或者持票人的票据。汇票一般开具一式两份，只要其中一份付讫，另一份即自动失效。汇票的填写要点如表11-7所示。

表11-7　汇票的填写要点

条款	填写内容	填写要点
出票条款	信用证名下的汇票应填写出票条款	填写开证行名称、信用证号码和开证日期
汇票金额	托收项下汇票金额应与发票一致	1. 若采用部分托收、部分信用证方式结算，则两张汇票金额各按规定填写，两者之和等于发票金额 2. 信用证项下的汇票，若信用证没有规定，则应与发票金额一致 3. 若信用证规定汇票金额为发票的百分之几，则按规定填写
付款人名称	汇票的付款人应是进口人或银行	1. 在信用证方式下，以信用证开证行或其指定的付款行为付款人 2. 若信用证未加说明，则以开证行为付款人
收款人名称	汇票的收款人应是银行	1. 在信用证方式下，收款人通常为议付行 2. 在托收方式下，收款人可以是托收行，但汇票需做成指示式抬头；托收方式下也可将出口方写成收款人（已收汇票），然后由收款人作委托收款背书给托收行

跟单信用证项下的汇票范例如下，以供参考。

跟单信用证项下的汇票

BILL OF EXCHANGE

凭　　　　　　　　　　　　　　　信用证

DRAWN UNBER　**BANK OF NEWYORK**　　L/C（NO.）　**L-02- I-03437**

日期

DATED　**SEPT. 30th，2001**　支票　PAYABLE WITH INTEREST @ ___% _按_ _息_ 付款

号码　　　　　　　　　　汇票金额　　　　　　　　深圳

NO.　STP01508. 8　EXCHANGE FOR **USD23 522. 50**　SHENZHEN　**20**

见票　　　　　　　　　日后（本汇票之正本未付）付交

AT _____ SIGHT OF THIS **SECOND** OF EXCHANGE（FIRST OF EXCHANGE BEING

UNPAID）PAY TO THE ORDER OF _____ **BANK OF CHINA**

金额

THE SUM OF **SAY US DOLLARS TWENTY THREE THOUSAND FIVE HUNDRED TWENTY**

TWO AND FIFTY CENTS ONLY

此致：

TO：**BANK OF NEWYORK**

　　48 WALL STREET

　　P. O. BOX 11000

　　NEWYORK, N. Y. 10249, U. S. A.　　**SHENZHEN GOIDHILL IMP. & EXP.**

　　　　　　　　　　　　　　　　　　CORPORATION

　　　　　　　　　　　　　　　　× × ×
　　　　　　　　　　　　　　　　_____

　　　　　　　　　　　　　　　　（SIGNATURE）

托收项下的汇票范本如下，以供参考。

托收项下的汇票

BILL OF EXCHANGE

号码   汇票金额   上海

NO.   HLK356   EXCHANGE FOR   **USD 56 000. 00**   SHANGHAI   20

见票   日后（本汇票之正本未付）付交

D/P AT   **90 DAYS**   sight of this FIRST of Exchange（Second of Exchange being unpaid）

PAY TO THE ORDER OF   **BANK OF CHINA**

金额

THE SUM OF   **SAY US DOLLARS FIFTY SIX THOUSAND ONLY**

此致

TO   MITSUBISHI TRUST & BANKING CO. , LTD.

INTERNATIONAL DEPARTMENT, 4-5

MARUIQOUCHI I-CHOME

CHIYODA- KU, TOKYO 100, JAPAN

CHINA NATIONAL ANIMAL BYPRODUCTS

IMP. & EXP. CORP. BRANCH

66 YANTAI STREET

TIANJIN CHINA

五、如何正确填写海运提单

运输单据因不同贸易方式而异，有海运提单、海运单、航空运单、铁路运单、货物承运收据及多式联运单据等。我国外贸运输方式以海运为主，海运提单是由船公司签发的，跟单员要做好协助和审核工作。表11-8对提单的内容及要求进行了简要说明。

表 11-8　海运提单的内容及要求

序号	项目	内容及要求
1	托运人 （SHIPPER）	一般为出口商，即信用证的受益人，如果开证申请人为了贸易需要，在信用证中规定作成第三人提单也可照办，例如请货运代理做托运人
2	收货人 （CONSIGNEE）	该栏又称海运提单抬头，应严格按信用证规定填写。如以托收方式结算，则一般作成指示式抬头，即写成"TO ORDER"或"TO THE ORDER OF ×××"字样，不可作成以买方为抬头的记名提单或以买方为指示人的提单，以免过早转移物权
3	通知人 （NOTIFY PARTY）	通知人是指货物到达目的港时船方发送到货通知的对象，通常为进口方或其代理人，出口方应按信用证规定填写。如果信用证没有规定，则正本提单以不填为宜，但副本提单中仍应将进口方名称、地址填明，以便承运人通知
4	提单号码 （B/L NO.）	提单上必须注明编号，以便核查，该号码与装货单（又称大副收据）或（集装箱）场站收据的号码应是一致的。没有编号的提单无效
5	船名及航次 （NAME OF VESSEL; VOY NO.）	填列货物所装船舶及航次。如中途转船，只填写第一程船名及航次

（续表）

序号	项目	内容及要求
6	装运港 （PORT OF LOADING） 和卸货港 （PORT OF DIS-CHARGE）	装运港和卸货港应填写具体港口名称。卸货港如有重名，则应加注国名；如采取选择港方式，应列明全部可选择港口名称，如伦敦/鹿特丹/汉堡选卸，则在卸货港栏中填上"OPTION LONDON/ROTTERDAM/HAMBURG"。收货人必须在船舶到达第一卸货港前在船公司规定时间内通知船方卸货港，否则船方可在其中任意一港卸货。选择港最多不得超过三个，且应在同一航线上，运费按最高者计收。如中途转船，卸货港即填写转船港名称，而目的港应填入"最终目的地"（FINAL DESTINATION）栏内，也可在卸货港内填上目的港，同时注明在"××港转船"（W/TAT XX）
7	唛头 （SHIPPING MARKS）	唛头应与发票所列一致
8	包装件数和种类 （NUMBER AND KIND OF PACKAGES） 与货物描述 （DESCRIPTION OF GOODS）	包装件数和种类与货物描述应按实际情况填写。一张提单项下货物如有几种不同包装应分别列明，托盘和集装箱也可作为包装列填。裸装货注明捆、件；散装货应注明"IN BULK"。货物名称允许使用货物统称，但不得与信用证中货物的描述相抵触。危险品应写清化学名称，注明国际海上危险品运输规则号码（IMCO CODE PAGE），联合国危规号码（UN CODE NO.），危险品等级（CLASS NO.）；冷藏货物注明所要求的温度

（续表）

序号	项目	内容及要求
9	毛重和尺码 （GROSS WEIGHT & MEASUREMENT）	除信用证另有规定外，重量以千克或公吨为单位，体积以立方米为单位
10	运费和费用 （FREIGHT& CHARGES）	本栏只填运费支付情况，如按 CFR 和 CIF 条件成交，应填写运费预付（FREIGHT PREPAID）；如按 FOB 条件成交，一般填写运费到付（FREIGHT COLLECT），除非买方委托发货人代付运费。全程租船一般只写明"AS AR-RANGED"（按照约定）。如信用证另有规定，按信用证规定填写
11	正本提单份数 （NUMBER OF ORIGINAL BS/L）	正本提单份数按信用证规定签发，并分别用大小写数字填写，如"（2）TWO"。如信用证中仅规定"全套"（FULL SET），习惯做两份正本，但一份正本也可视为全套
12	提单日期和签发地点 （PATE AND PLACE OF RECEIPT）	除备运提单外，提单日期均为装货完毕日期，同时不能迟于信用证规定的装运期。提单签发地点按装运地填列。如果船期晚于规定装运期，出口方要求船方同意以担保函换取较早日期提单，这就是"倒签提单"（ANTI DATED B/L）；如果货未装上船就要求船方出具已装船提单，这就是"预借提单"（ADVANCED B/L），这种做法系国际航界陋习，一旦暴露，可能造成对方索赔以致拒收，从而导致巨大损失

（续表）

序号	项目	内容及要求
13	签署 （SIGNATURE）	按《UCP 600 跟单信用证统一惯例》规定，海运提单应注明承运人名称，并由承运人或其代理人、船长或其代理人签署。签署人也需表明其身份。若为代理人签署，需表明被代理一方的名称和身份
14	其他 （OTHERS）	信用证要求在提单上加注的内容。如信用证规定"每份单据上均应显示信用证号码"、"提单需提供贸促会证明"等，必须按信用证规定处理

六、包装单证有哪些

包装单证（PACKING DOCUMENT）是指一切记载或描述商品包装种类和规格情况的单证，是商业发票的补充说明。包装单证主要包括装箱单（PACKING LIST）、重量单（WEIGHT LIST）和尺码单（MEASUREMENT LIST）。

第四节 如何审核单证

在各种单证缮制或获取完毕后，跟单员应对单证再次全部审核，确保单证的最终质量及收汇安全。审单的要求与制单一样，都应根据信用证、合同条款规定的内容进行仔细、全面、及时的审核，以确保达到"单证一致、单单一致"。

一、审核方法因人而异

跟单员审核单证的方法因人而异，图 11-1 将审核单证工作（横审、纵审）的大致情况加以概括说明，仅供参考。

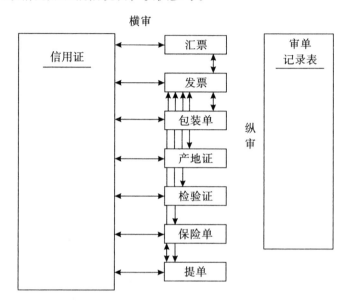

图 11-1　单证审核方法图示

首先，整理好各项单证，按图 11-1 中间一列的顺序排列好，摆在正前方；然后，左边放置信用证文本，右边放置记录表。审单时先将各项单证一一地与信用证（横向箭头）核对，再按图中竖向箭头将单证互相核对。若发现有不一致或疑问的地方，则标记在右边的记录表中。

二、单证审核审什么

在进行单证的综合审核时，主要从所需单证的份数、单证是否进行了认证、单证之间的货物描述，以及单证的出具或提交日期是否符合要求等方面进行审核。在具体到各种单证的审核时可参考表 11-9 所示内容。

表 11-9　单证审核的要点

序号	类别	审核要点
1	汇票	（1）汇票的付款人名称、地址必须正确 （2）汇票上金额的大小写必须一致 （3）付款期限要符合信用证或合同（非信用证付款条件下）的规定 （4）汇票金额不得超过信用证金额，如在信用证金额前有"大约"一词，增减幅度为 10% （5）出票人、收款人、付款人都必须符合信用证或合同（非信用证付款条件下）的规定 （6）信用证和发票上的币制名称应一致 （7）出票条款应正确，如出票所根据的信用证或合同号码应正确 （8）按需要进行背书 （9）汇票必须有出票人的签字 （10）汇票份数应正确，如"只此一张"或"汇票一式两份，有第一汇票和第二汇票"
2	商业发票	（1）抬头人必须符合信用证规定 （2）签发人必须是受益人 （3）商品的描述必须完全符合信用证的要求 （4）商品的数量必须符合信用证的规定 （5）单价和价格条件必须符合信用证的规定 （6）提交的正副本份数必须符合信用证的要求 （7）信用证要求说明和证明的内容不得遗漏 （8）发票的金额不得超出信用证的金额，如数量、金额均有"大约"，增减幅度为 10%

序号	类别	审核要点
3	保险单据	（1）保险单据必须由保险公司或其代理出具 （2）投保加成必须符合信用证的规定 （3）保险险别必须符合信用证的规定并且无遗漏 （4）保险单据的类型应与信用证的要求一致，除非信用证另有规定，保险经纪人出具的暂保单银行不予接受 （5）保险单据的正副本份数应齐全，如保险单据注明出具一式多份正本，除非信用证另有规定，所有正本都必须提交 （6）保险单据上的币制应与信用证上的币制一致 （7）包装件数、唛头等必须与发票和其他单据一致 （8）运输工具、起运地及目的地必须与信用证及其他单据一致 （9）如转运，保险期限必须包括全程运输 （10）除非信用证另有规定，保险单的签发日期不得迟于运输单据的签发日期 （11）除信用证另有规定，保险单一般应做成可转让的形式，以受益人为投保人，由投保人背书
4	运输单据	（1）运输单据的类型必须符合信用证的规定 （2）起运地、转运地、目的地必须符合信用证的规定 （3）装运日期/出单日期必须符合信用证的规定 （4）收货人和被通知人必须符合信用证的规定 （5）商品名称可使用货物的统称，但不得与发票上货物说明的写法相抵触 （6）运费预付或运费到付须正确标明 （7）正副本份数应符合信用证的要求 （8）运输单据上不应有不良批注 （9）包装件数必须与其他单据一致 （10）唛头必须与其他单据一致 （11）全套正本都必须盖妥承运人的印章及签发日期章 （12）应加背书的运输单据须加背书

（续表）

序号	类别	审核要点
5	其他单据	其他单据如装箱单、重量单、产地证书、商检证书等，均须先与信用证条款进行核对，再与其他有关单据核对，以确保单证一致、单单一致

三、问题单证这样处理

对单证审核过程中发现的有问题的单证可视具体情况作如下处理。

（1）及时更正和修正，在规定的有效期和交单期内将有问题的单证全部改妥。

（2）有些单证由于种种原因不能按期更改或无法修改，交单人可以向银行出具一份保函（通常称为担保书），保函中交单人要求银行向开证行寄单并承诺如果买方不接受单证或不付款，银行有权收回已偿付给交单人的款项，对此银行方面可能会接受。交单人向银行出具保函一般应事先与客户联系，并取得客人接受不符单证的确认文件。

（3）请银行向开证行拍发要求接受不符点并予付款的电传（俗称"打不符电"）。有关银行在收到开证银行的确认接受不符单证的电传后再行寄送有关单证。此种方式可以避免未经同意盲目寄单情况的发生，但开证行确认需要一定的时间，同时交单人要冒开证行不确认的风险，并要承担有关的电传费用。

（4）改以托收方式。由于单证中存在不符点，原先信用证项下的银行信用已经变为商业信用，如果客人信用较好且急需有关文件提取货物，为减少一些中间环节可采用托收方式。

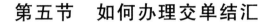

第五节　如何办理交单结汇

在将各类单证准备齐全、准确无误后即可将全套单证送交议付银行，办理交单结汇手续。

一、怎样交单

交单是指出口商将审核无误的全套单证送交议付银行的行为。交单的基本要求是单证正确、完整，提交及时，如在信用证方式下，应在信用证有效期内交单。不同结算方式下的交单如图11-2所示。

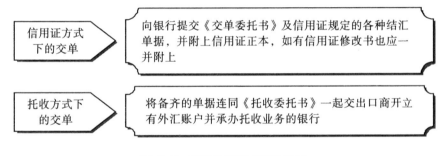

图 11-2　不同结算方式下的交单

（一）交单方式

交单方式有两种，具体内容如表11-10所示。

表 11-10　交单方式

序号	交单方式	说明
1	两次交单（预审交单）	在运输单据签发前，先将其他已备妥的单据交银行预审，发现问题及时更正，待货物装运后收到运输单据，可以当天议付并对外寄单
2	一次交单	在全套单据收齐后一次性送交银行

由于一次交单时货已发运，银行审单后若发现不符点需要退单修改耗费时日，容易造成逾期，从而影响收汇安全。因而，出口商宜与银行密切配合，采用两次交单方式加速收汇。

（二）交单的注意事项

跟单员在交单时应注意单据的种类和份数须与信用证规定相符；单据内容正确，包括所用文字与信用证一致；交单时间必须在信用证规定的交单期和有效期之内。

二、结汇方式哪种最好

信用证项下的出口单据经银行审核无误后，银行按信用证规定的付汇条件将外汇结付给出口企业。在我国的出口业务中，大多使用议付信用证，也有少量业务使用付款信用证和承兑信用证的。结汇方式可分为如图11-3三种。

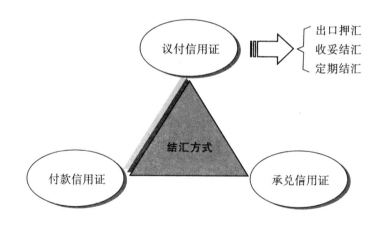

图11-3　结汇方式

（一）议付信用证

议付信用证分为出口押汇、收妥结汇和定期结汇三种方式。出口押汇收取单据作为质押，按汇票或发票面值扣除从议付日起到估计收到开证行或偿付行票款之日的利息，将货款先行垫付给出口商（信用证受益人）。议付是可以追索的，如开证行拒付，议付行可向出口商追还已垫付的货款。

议付信用证中规定，开证行对议付行承担到期承兑和付款的责任，《UCP 600》规定，银行如仅审核单据而不支付价款，则不构成议付。

收妥结汇是指进口商收到单据后不需做押汇，将单据寄交开证行，待开证行将货款划给议付行后再向出口商结汇的行为。

定期结汇是指进口商收到单据后在一定期限内向出口商结汇的行为，此期限为估计索汇时间。

收妥结汇和定期结汇两种方式对议付银行来说都是先收后付，但按《UCP 600》的规定，银行不能取得议付行资格，只能算是代收行。

（二）付款信用证

付款信用证通常不用汇票，在业务中使用即期付款信用证时，国外开证行指定出口地的分行或代理行为付款行，受益人直接向付款行交单。付款行付款时不扣除汇款利息。付款是不可追索的。显然在信用证方式中，这是对出口商最为有利的一种。

（三）承兑信用证

承兑信用证的受益人开出远期汇票，通过国内代收行向开证行或开证行指定的银行提示，经其承兑后交单。已得到银行承兑的汇票可到期收款，也可贴现。若国内代收行愿意做出口押汇（议付），则出口商也可立即收到货款，但此时该银行仅以汇票的合法持票人向开证行要求付款，不具有开证行所邀请的议付行身份。

三、交单结汇的流程

交单结汇的流程如图 11-4 所示。

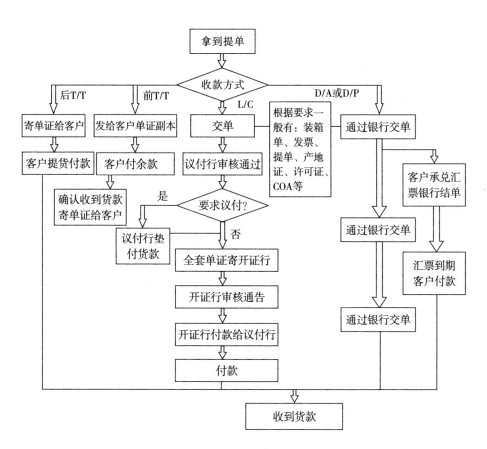

图 11-4　交单结汇的流程

第六节　如何处理不符点

不符点是指议付单证与信用证要求不符的一点或者几点错误或者疑义，或者是议付单证之间不相符的一点或者几点错误或者疑义。

跟单员如果在交单时发现不符点，可以采取以下方式处理。

一、"亡羊补牢，为时不晚"

跟单员发现的不符点，凡是来得及修改并可以修改的，可直接修改这些不符点，使之与信用证相符，从而保证正常议付货款。

二、无法修改也有对策

跟单员在议付行交单时如发现有不符点，但已来不及修改，或单证到开证行被发现有不符点，此时已无法修改，则可以通知开证申请人（进口商）说明单证出现的不符点，请其来电确认接受不符点，同时找开证行表示开征申请人接受单证不符点，则出口商仍可以收回货款。

 制单结汇关键点

跟单员在制单结汇时应把握以下要点。

◆ 在制作单证时不能盲目地套用格式，一定要注意仔细查看各项目。

◆ 必须根据信用证和合同条款的规定全面、认真地审核单证，不能有遗漏。

◆ 审单时发现的问题要及时标注出来，并进行修改确认。

◆ 只有单证不符合信用证的规定，而无货物质量问题或不符才能通知客户接受不符点，并通知开证行接受处理。

◆ 在信用证规定的有效期和交单期内办理交单。

◆ 在交单时要与银行密切配合，最好采用两次交单方式，加速收汇。

◆ 在交单结汇后必须将一套完整的单证副本归档保管，保管期限一般为 2~3 年。

◆ 单证的所有数据要录入计算机，保存电子备份。

第十二章 核销退税，及时办理

第一节 核销退税有哪些步骤

货物装运出口并办理制单结汇以后，应及时地办理出口收汇核销和退税。收汇核销和退税流程及要点说明如表 12-1 所示。

表 12-1 收汇核销和退税流程及要点说明

流程	要点说明	备注
申领核销单	登陆"电子口岸"申领核销单	
核销单备案	将核销、退税的相关信息在网上备案	相关信息必须备案，否则之后的步骤就无法进行
网上交单	将报关单信息通过电子口岸上传到外汇管理局、银行和税务局	
银行核销	在相应的界面上点击操作	
网上报审	将核销信息通过核销系统上报到外汇管理局	
将核销信息上报到国税局，再办理退税 　　在规定期限内携带资料到外汇管理局核销	在相关系统中录入相应内容，打印出报表分别去外汇管理局和国税局办理核销和退税	报审的信息要确认无误，尽量一次完成

第二节　如何办理出口收汇核销

出口收汇核销的期限是报关出口后 180 天内，如果 180 天内没有及时收汇，就算前期进行核销申报也是于事无补，要视同内销征税。所以，跟单员必须及时办理收汇。出口收汇核销的操作流程如图 12-1 所示。

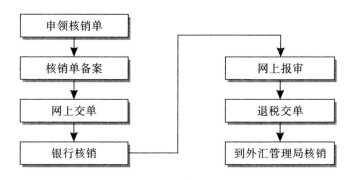

图 12-1　出口收汇核销的操作流程

一、申领核销单

出口企业操作员凭其 IC 卡进入"电子口岸"，上网申领出口收汇核销单，外汇管理局根据网上申请，并经过出口核销系统确认后发给出口企业核销单，同时在网上予以公布。

在"电子口岸"申领核销单的流程如图 12-2 所示。

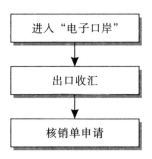

图 12-2　在"电子口岸"申领核销单的流程

在完成以上步骤后，跟单员需携带相关资料，包括"电子口岸"卡、领单证明、单位证明、合同和身份证复印件（全部盖公章，并在第一页上标注组织机构代码号）到外汇管理局领取核销单，具体步骤如图12-3所示。

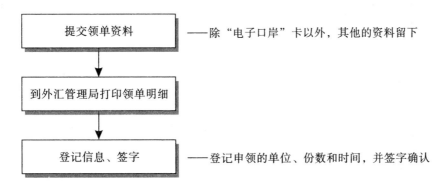

图12-3　到外汇管理局领取核销单的步骤

二、核销单备案

跟单员到外汇管理局领取纸质出口收汇核销单后，进入"电子口岸"，对出口收汇核销单进行口岸备案，具体步骤如图12-4所示。

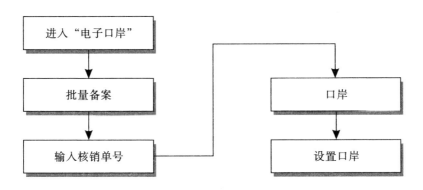

图12-4　核销单备案步骤

备案完成后，跟单员先在空白的核销单上盖上单位公章（骑缝章）和条形码章，并在核销单申领登记表上（自制）登记。核销单申领登记表如表12-2所示。

表 12-2　核销单申领登记表

核销单号	备案时间	退回时间	网上交单时间	银行核销时间	到外汇管理局核销时间

跟单员应注意的是，因为报关错误而废掉的核销单要到外汇管理局注销，注销后把作废的核销单留在外汇管理局。

三、网上交单

核销单交单是指将报关单的信息通过"电子口岸"上传到外汇管理局、银行和税务局。

如果是货代报关，在报关完成后，出口商可要求货代回传报关单，如传真件不清楚，可进入通商汇输入报关单号（条形码号码），查询并核对报关信息是否正确，如有不符，可要求货代更改报关单，报关一定要做到单单一致。

货物出口以后，通常在提单出口日期（一般海运在两周左右，空运一个月左右）要及时登陆电子口岸查看是否有报关单的信息，有了报关单信息出口商就可以网上交单了（也可在货代退回核销单后交单）。网上交单的步骤如图 12-5 所示。

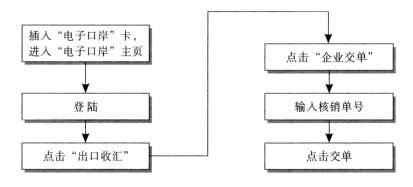

图 12-5　网上交单的步骤

跟单员在交单后要及时进入核销系统中查看是否有核销单信息，如果没有，从"数据交换"栏中选择"单笔数据更新"，重新输入核销单号进行更新。

跟单员在交单后要在核销单申领表上（自制）找出相对应的核销单号，并注明核销单退回的时间和网上交单时间。

四、银行核销

银行核销分为逐笔核销（一次只能核一笔）和批次核销。批次核销的贸易方式为一般贸易；逐笔核销的贸易方式为货样广告品等。

一般海运的货物三周以内货代就会将核销单和报关单的核销联和出口退税联退回给出口商，出口商在核销系统中找到相对应的水单信息后，带上核销单和报关单的核销联到中国银行领取相对应的水单的核销联。在核销单和报关单的核销联上盖收汇结汇专用章，在水单上盖五个章（收汇结汇专用章、已核对章、外汇管理局收汇核销联章、核销员和复审员的姓名章）。

境内收汇还要去外汇管理局盖出口收汇已核销章、日期章和核销员姓名章。跟单员还要在核销单申领登记表上（自制）找出相对应的核销单号并注明核销时间。

五、网上报审

网上报审主要是将核销信息通过核销系统上报到外汇管理局，一般贸易从银行核销完以后要进行网上报审，具体操作流程如图12-6所示。

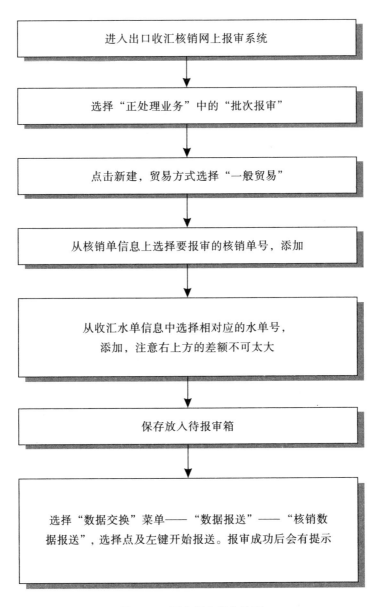

图 12-6　网上报审操作流程

　　如果境内收汇的网上没有水单信息，跟单员要选择补录入信息申报，补录入水单信息的具体操作步骤如图 12-7 所示。

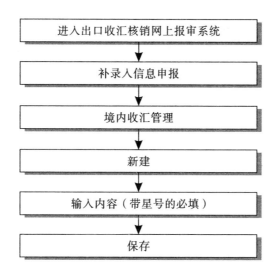

图 12-7　境内收汇补录入水单的具体操作步骤

　　跟单员在报审完成后要及时查询报审结果，一般在第二天就会有消息，有消息后才可到外汇管理局盖章核销（境内收汇）。跟单员要在正常上班时间进行网上报审，以防信息丢失。

六、退税交单

　　退税交单是指将核销单信息上报到国税局。一般贸易在银行核销完以后进行退税交单。退税交单网上操作步骤如图 12-8 所示。

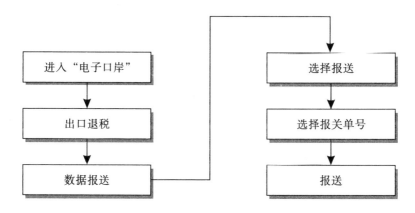

图 12-8　退税交单网上操作步骤

退税查询也可以在网上操作，具体查询步骤如图12-9所示。

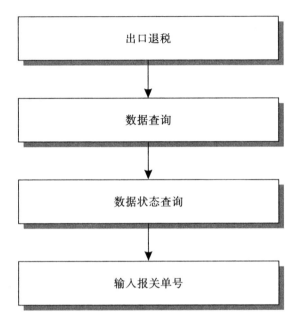

图12-9　网上退税查询步骤

出口企业一旦查询到有消息，财务人员就可以去办理退税了。

七、到外汇管理局核销

跟单员到银行办理完出口收汇手续后，应在规定期限内持出口收汇核销单、出口货物报关单等单证到外汇管理局办理出口收汇核销手续，并凭退税专用联和税务部门规定的其他单证到税务部门办理出口退税手续。

境内收汇的企业要携带下列资料到外汇管理局核销：打印的报送后的《批次核销信息登记表》一式两份（盖公章、签名），出口发票（形式发票和出口专用发票均可，盖公章），核销单（填写完整），水单和报关单退税联（银行盖章）。到外汇管理局核销的步骤如图12-10所示。

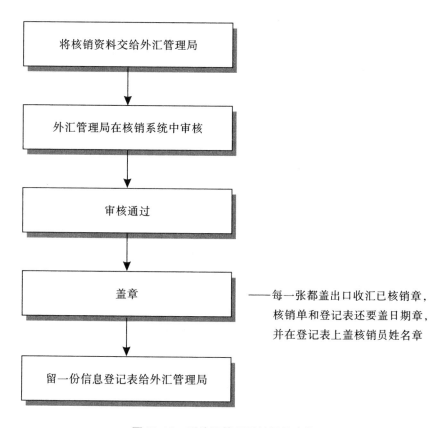

图 12-10 到外汇管理局核销的步骤

跟单员在核销完成后还要在《核销单申领表》上（自制）找出相对应的核销单号，并注明核销时间，在《出口核销登记表》中作记录。

相关知识

出口退关后核销的办理

根据国家外汇管理局对于出口收汇核销单的管理规定，由于出口退关等原因被退回的核销单要到当地外汇管理局办理注销手续。在办理注销手续时需提交如下文件和单据。

（续表）

（1）注销申请：简单说明退关原因，并申请将退关的核销单进行注销。

（2）在"中国电子口岸"的"出口收汇"一栏中查到此票核销单，这时上面显示此单的海关状态为退关，将此页面直接打印出来并加盖企业公章。

（3）海关退回的正本核销单及报关单。

将上述三种单据一起交给外汇管理局就可办理出口货物退关后核销单的注销手续了。

第三节　出口退税，协助办理

出口退税是指在国际贸易中货物输出国对输出境外的货物免征其在本国境内消费时应缴纳的税金或退还其按本国税法规定已缴纳的税金（增值税、消费税）。

出口退税一般由财务人员负责办理，跟单员要及时提醒财务人员办理，并积极配合其具体工作。

一、退税有时限规定吗

出口企业在办理出口退税时要特别注意申报程序和申报时间，以免对企业造成损失。出口企业在办理出口退税时应注意表12-3中的四个时限规定。

表 12-3　退税的四个时限

序号	时限	具体说明
1	30 天	出口企业购进出口货物后应及时向供货企业索取增值税专用发票或普通发票，属于防伪税税控增值税发票的，必须在开票之日起 30 天内办理认证手续
2	90 天	出口企业必须在货物报关出口之日起 90 天内办理出口退税申报手续，生产企业必须在货物报关出口之日起 3 个月后免抵退税申报期内办理免抵税申报手续
3	180 天	出口企业必须在货物报关出口之日起 180 天内向所在地主管退税部门提供出口收汇核销单（远期收汇除外）
4	3 个月	出口企业出口货物纸质退税凭证丢失或内容填写有误，按有关规定可以补办或更改的，出口企业可在申报期限内向退税部门提出延期办理出口货物退（免）税申报的申请，经批准后可延期 3 个月申报

二、退税程序

出口企业产品报关出口后应在财务上作销售处理，按月或旬逐批填具出口产品退税申请书，同时提供四种证明材料报请主管退税机关申请退税。

（1）盖有海关验讫章的出口报关单退税专用联（黄色）。

（2）出口商业发票副本。

（3）进货发票（增值税发票）。

（4）结汇水单或银行收账通知单。

三、出口退税要备齐哪些材料

出口退税附送的材料包括如下。

（1）报关单。

（2）出口销售发票。

（3）进货发票。

（4）结汇水单或收汇通知书。

（5）产品征税证明。

（6）出口收汇已核销证明。

（7）属于生产企业直接出口或委托出口自制产品，凡以到岸价 CIF 结算的，还应附送出口货物运单和出口保险单。

（8）有进料加工复出口产品业务的企业，还应向税务机关报送进口料件的合同编号、日期、进口料件名称、数量、复出口产品名称、进料成本金额和实纳各种税金等。

（9）与出口退税有关的其他材料。

四、怎样准备退税资料

出口收汇核销工作处理完后，跟单员要及时地为财务准备退税资料，退税资料包括报关单退税联、水单（五个章）、提单、出厂单和装货单复印件、境内收汇的业务还要准备核销单的退税联。

（一）操作步骤

整理各种退税资料要按以下步骤进行，如图 12-11 所示。

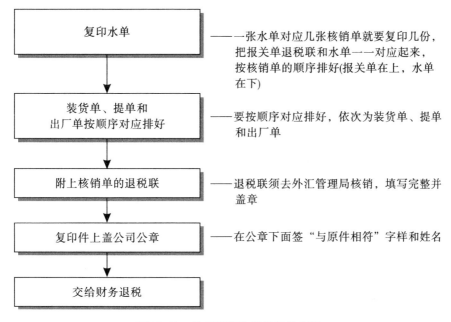

图 12-11 整理退税资料的操作步骤

（二）注意事项

跟单员在整理资料时应注意以下事项。

（1）有时网上有水单信息，但是银行没有水单核销联，跟单员要向财务借用财务联，扫描打印水单复印件。

（2）境内收汇或客户指定的货代是不提供提单和装货单的，跟单员可根据现有资料自己制作，扫描打印。

五、办理退税需注意哪些事项

跟单员在协助财务人员办理出口退税时应注意以下事项。

（1）出口货物报关单退税专用联必须是盖有海关"验讫章"的原件。

（2）报关单中"贸易方式"一栏若是来样加工、转口贸易的，"结汇方式"一栏若是出口不结汇的援外物资、替换国外退货的产品和无偿赠送的样品及展品，则不能办理出口退税；若是进料加工的，在申报退税款中应抵扣进口料件的免税额。

（3）对海关已签发出口退税报关单的货物，如遇特殊情况发生退关或退货的，报关单位应向原出口地海关出示当地主管出口退税的税务机关的证明，证明其货物未办理出口退税或所退税款已退回税务机关，海关方予以办理该批货物的退关或退货运回手续。

（4）出口企业或有关单位补办海关已签发的出口退税报关单，应由主管税务机关出具该批货物未办理出口产品退税的证明，并经海关核定货物确已出口，方可补办。

核销退税关键点

跟单员在办理出口核销和出口退税时应把握以下要点。

◆ 一份出口收汇核销单只能对应一份出口报关单。

◆ 在规定的收汇时间后30天内凭出口报关单、出口收汇核销专用联向外汇管理部门办理出口收汇核销手续。

◆ 在申请出口核销退税时一定备齐各种资料，且确保资料准确无误。

◆ 由于报关错误而废掉的核销单要拿到外汇管理部门注销，并交回废单。

◆ 必须在货物报关出口之日起90天内办理出口退税申报手续。

◆ 无论是核销还是退税，均须按相应的操作步骤进行，而且要随时跟进。

第十三章 不求最好，只求更好

第一节 如何管理好客户资料

跟单员的客户越多，所跟的单就越多，所积累的客户资料也就越多，这些客户资料包括客户个人信息和企业信息，以及交易信息等，数量庞大、种类繁多且极为重要，需要加以妥善保管。

一、为什么要管理好客户资料

客户资料若得不到妥善管理，将会产生以下问题。

（1）客户信息丢失或未及时更新，会导致无法联系客户，更不能及时跟进询盘或订单，从而为企业带来损失。

（2）无法根据记录对客户进行需求分析，不能很好地维系老客户，更不能根据客户的生产特点和采购规律适时营销商品和安排生产。

（3）对客户资料管理不善将直接影响企业形象，也会招致客户的不满。

二、要收集与整理好哪些资料

跟单员在跟单过程中要随时注意收集与整理以下客户资料。

（1）客户的基本信息，如客户企业的联系人、客户的背景和喜好，还有客户对商品包装、唛头、箱规、栈板、运输、仓储、交货等的要求。此外，跟单员还要了解客户的样品确认流程、出货收款流程和各种相关表格单证的缮制要求等。

（2）客户的合同、出货收款发票、佣金、汇款资料等。

（3）与客户沟通过程中的重要邮件、产品/样品意见与反馈信息等。

三、管理客户资料的相关表格

跟单员可借助相关表格管理客户资料，客户跟进情况一览表如表 13-1 所示，客户管理表如表 13-2 所示。

表 13-1　客户跟进情况一览表

客户信息						产品资料				操作人					
日期	公司名称	联系人	电话	邮箱	国家	产品	型号	数量	包装要求	跟进	报价	样品	出货	客户等级	备注说明

注："客户等级"说明：A. 下单或准备下单的客户；B. 寄送样品的客户；C. 跟进中的客户；D. 新询盘的客户。

表 13-2　客户管理表

公司名称			电话		传真	
地址						
营业内容						
营业概况	员工人数					
	淡旺季分布					
	最高交易额/月					
	平均交易额/月					
	信用状况					
主要负责人概况	姓名	电话	性格特点	职务	负责事项	

（续表）

	日期	产品	数量	价格	包装要求
交易记录					
备注					

第二节　调查客户是否满意

通常来说，国外客户比较重视合作企业的信誉，很在意合作企业对其的重视程度。所以，跟单员应定期或不定期地对客户满意度进行调查，并及时处理其反馈的问题。

一、调查什么

客户满意度调查的内容主要如下。

（1）产品的品质，这是客户关注的重点。

（2）各种服务水平，如交货期、售后服务等。

（3）企业形象，如品牌形象、社会贡献度等。

（4）其他服务，包括环境保护服务、社会公益服务等。

二、设计客户满意度调查表

跟单员应针对产品的相关性能、质量、服务水平等设计《客户满意度调查表》（如表13-3所示）。

表13-3　客户满意度调查表

尊敬的客户：

您好！了解您对我公司产品及服务的满意程度将有助于我们改善自身的产品及提高服务水平。请您于百忙之中填写下表，您所提的每一项宝贵建议都将成为我们改进的方向。

客户：

服务评价 项目	非常满意	满意	一般	不满意	很不满意	备注
产品交货期						
产品质量						
产品价格、费用						
售后服务						
……						
其他意见： 　　　　　　　　　客户签字：　　　　　　　　日期：						

三、分析客户满意度信息

每次进行客户满意度调查后，跟单员都要回收《客户满意度调查表》，按产品或型号规格或客户的类别进行分类、整理和分析，制作《客户满意度统计分析表》（如表 13-4 所示），并确定改进措施。

表 13-4　客户满意度统计分析表

产品名称	产品编号	客户评价	客户反馈的其他意见	改进措施	备注

第三节　将投诉客户变为满意客户

跟单员在跟单过程中经常会碰到客户的投诉，这时跟单员一定要积极应对并认真处理。

一、客户投诉并非坏事

客户投诉主要涉及产品质量、延迟交货、产品规格、包装问题、服务水平等诸多方面。跟单员必须正确看待客户投诉，并从中挖掘其对企业的价值。客户投诉的圆满处理对企业的积极影响有以下三个方面。

(1) 客户投诉的圆满处理可使企业及时发现并改善产品或避免失误，开创新的商机。

(2) 客户投诉的圆满处理可使企业获得再次赢得客户的机会。

(3) 客户投诉的圆满处理可为企业提供建立和巩固良好形象的素材。

二、客户投诉巧处理

针对客户的投诉，跟单员在处理时一定要注意技巧，处理客户投诉可分为以下两种方式。

(一) 电话处理

当客户电话投诉时，跟单员一定要耐心倾听其意见，如果投诉是由本身的失误所致，一定要诚恳地致歉，并承诺及时处理。如果是货运代理出现了问题，首先要解释清楚，并承诺一定予以解决。

(二) 信函处理

如果客户是发来信函进行投诉，跟单员要耐心地写回复函件，将具体处理意见一一列明，争取获得客户的谅解。

三、做好投诉记录

跟单员要及时做好客户投诉记录，以便在以后的工作中有针对性地改善，《客户投诉登记表》、《客户投诉处理表》、《客户投诉统计表》分别如表13-5、表13-6、表13-7所示。

表 13-5　客户投诉登记表

受理编号		受理日期	
投诉客户		投诉类型	□商品　□服务　□其他
客户联系电话			
客户地址			
投诉原因			
客户要求			
投诉受理	□受理	承诺办理期限	
	□不予受理	理由	
备注			

表 13-6　客户投诉处理表

投诉客户	名称		地址	
	联系电话		E-mail	
投诉事项				
申诉意见	对方意见			
	己方意见			
调查	调查结果			
	调查判定			
暂定对策				
最后对策				
备注				

审核：　　　　　　　　　　　　　　　　　　　　　　　承办：

表 13-7 客户投诉统计表

日期	编号	客户名称	商品名称	购货期	投诉内容	责任方	处理方式	损失（元）

 提高客户满意度关键点

为提高客户满意度，跟单员在日常跟进工作中应把握以下要点。

◆ 调查客户满意度时要使用准确、得体的调查表。

◆ 定期访问客户，平时主要采取电话、信函的方式跟进，给客户一种备受重视的感觉。

◆ 推出新产品时要及时告知客户，既表达了尊重和重视，又能争取潜在交易机会。

◆ 处理客户投诉时一定要耐心，并注意礼貌用语。

参考书目

1. 赵永秀，武亮编著．国际贸易跟单员岗位职业技能培训教程．广州：广东经济出版社，2007

2. 张静萍主编．优秀跟单员手册．广州：广东经济出版社，2007

3. 赵永秀，武亮编著．国际贸易单证员岗位职业技能培训教程．广州：广东经济出版社，2007

4. 赵永秀，武亮编著．国际贸易货代员岗位职业技能培训教程．广州：广东经济出版社，2007

5. 张静萍主编．优秀外贸员手册．广州：广东经济出版社，2007

6. 李广泰，杨访梅编著．接单与跟单实操细节．广州：广东经济出版社，2006

7. 李广泰著．杰出跟单员．深圳：海天出版社，2005

8. 李泽尧等编著．跟单员工作手册．广州：广东经济出版社，2003

9. 陈光编著．跟单员完全手册．北京：中国市场出版社，2005

10. 李东编著．外贸与业务跟单实操细节．广州：广东经济出版社，2007

11. 赵永秀，苟宏编著．业务跟单流程控制与管理．广州：广东经济出版社，2005

12. 董宏祥主编．外贸跟单实务．上海：上海财经大学出版社，2006

13. 李元新，吴国新编著．国际贸易单证实务．北京：清华大学出版社，2005

《一本书学会外贸跟单（实战强化版）》
编读互动信息卡

亲爱的读者：

感谢您购买本书。只要您以以下三种方式之一成为普华公司的**会员**，即可免费获得普华每月新书信息快递，在线订购图书或向我们邮购图书时可获得免付图书邮寄费的优惠：①详细填写本卡并以**传真（复印有效）或邮寄**返回给我们；②**登录普华公司官网注册成为普华会员**；③关注微博：@普华文化（新浪微博）。会员单笔订购金额满300元，可免费获赠普华当月新书一本。

哪些因素促使您购买本书（可多选）

○本书摆放在书店显著位置　　　　○封面推荐　　　　　　○书名

○作者及出版社　　　　　　　　　○封面设计及版式　　　○媒体书评

○前言　　　　　　　　　　　　　○内容　　　　　　　　○价格

○其他（　　　　　　　　　　　　　　　　　　　　　　　　　　）

您最近三个月购买的其他经济管理类图书有

1.《　　　　　　　　　》　　　　2.《　　　　　　　　　》

3.《　　　　　　　　　》　　　　4.《　　　　　　　　　》

您还希望我们提供的服务有

1. 作者讲座或培训　　　　　　　　2. 附赠光盘

3. 新书信息　　　　　　　　　　　4. 其他（　　　　　　　　　）

请附阁下资料，便于我们向您提供图书信息

姓　　名　　　　　　联系电话　　　　　　　职　　务

电子邮箱　　　　　　工作单位

地　　址

地　　址：北京市丰台区成寿寺路11号邮电出版大厦1108室

　　　　　北京普华文化发展有限公司（100164）

传　　真：010 – 81055644

读者热线：010 – 81055656

编辑邮箱：daixinmei@ puhuabook. cn

投稿邮箱：puhua111@ 126. com，或请登录普华官网"作者投稿专区"。

投稿热线：010 – 81055633

购书电话：010 – 81055656

媒体及活动联系电话：010 – 81055656　　　　　　邮件地址：hanjuan@ puhuabook. cn

普华官网：http://www. puhuabook. com. cn

博　　客：http://blog. sina. com. cn/u/1812635437

新浪微博：@普华文化（关注微博，免费订阅普华每月新书信息速递）